中国丝绸之路上的墓室壁画

西部卷·甘肃分卷

丛书主编：汪小洋
副 主 编：姚义斌　赵晓寰
编　　著：包　艳　张骋杰　史亦真

东南大学出版社
·南京·

内容提要

甘肃位居丝绸之路枢纽地带，是多民族往来交流和东西文明汇合交融的走廊地带，这一地区的墓室壁画遗存数量多、时间跨度大。独特的地域经济与文化特征深刻影响了不同时期墓室壁画的形式和内涵，尤其以魏晋时期的墓室壁画最具鲜明的地域和时代特色。这一时期的墓室壁画内容写实，侧重于对现实生活场景的描绘。壁画中频繁出现的少数民族形象，不仅是各民族融合的真实写照，也是本地区特殊历史、地理和文化的反映。隋唐以后，甘肃地区的墓室壁画与其他地区基本保持了一致性。本地区墓室壁画突出特点是形象地反映了丝绸之路贸易和文化交流的成果，从一个侧面折射出本地区不同民族交流融汇的历史和文化进程。

图书在版编目(CIP)数据

中国丝绸之路上的墓室壁画. 西部卷·甘肃分卷/包艳，张骋杰，史亦真编著. —南京：东南大学出版社，2017.9
 ISBN 978-7-5641-7432-3

Ⅰ. ①中… Ⅱ. ①包…②张…③史… Ⅲ. ①墓室壁画—研究—甘肃 Ⅳ. ①K879.414

中国版本图书馆 CIP 数据核字(2017)第 223641 号

出版发行：	东南大学出版社
社　　址：	南京市四牌楼2号　邮编：210096
出 版 人：	江建中
网　　址：	http://www.seupress.com
电子邮箱：	press@seupress.com
经　　销：	全国各地新华书店
印　　刷：	江苏凤凰扬州鑫华印刷有限公司
开　　本：	889mm×1194mm　1/20
印　　张：	7.2
字　　数：	150 千字
版　　次：	2017 年 9 月第 1 版
印　　次：	2017 年 9 月第 1 次印刷
书　　号：	ISBN 978-7-5641-7432-3
定　　价：	48.00 元

本社图书若有印装质量问题，请直接与营销部联系。电话(传真)：025-83791830

江苏"十三五"重点出版物出版规划项目

江苏省文化产业引导资金文化艺术精品补助项目

前　言

汪小洋

　　丝绸之路，顾名思义就是与丝绸相关的贸易之路。历史长河的漫漫岁月中，这条贸易之道早已成为沿路各方文化交流的通衢大道，在商贸之外还承担了军事、政治和民族等多方面的东西方文化交流，乃至南北方文化交流的历史重担。"大漠孤烟直，长河落日圆"，这是通衢大道的自然形态，也是艺术家眼中美轮美奂的景象。诗人笔下的丝绸之路是如此的遥远，也是如此的神秘，也因此而成为一条充满豪情、弥漫浪漫和令人翩翩浮想的艺术大道。在这里，除了人们耳熟能详的边塞诗歌、佛教石窟之外，墓室壁画也为丝绸之路奉上了一串璀璨明珠。

　　丝绸之路由官方正式开启的时间是汉武帝时期，史称"凿空"。汉武帝派遣张骞两次出使西域，最初的目的是联合大月氏共同打击匈奴而解边患，这显然是一个军事活动。之后，丝绸之路更加畅通，军事活动、商业活动、宗教活动、艺术活动，乃至民族迁徙，东西方之间的各种文化交流成为常态。《尚书·禹贡》记："东渐于海，西被于流沙，朔南暨，声教讫于四海。"从中国本土文化的发展看，东渐西被可以用来形容丝绸之路上的文化交流走向。

　　在丝绸之路的东西文化交流中，人们常常讨论东渐的外来文化，而对西被的本土文化则关注不多。其实，借助东方大帝国的强大政治和军事力量，以及悠久历史建立起来的高度文明，本土文化在丝绸之路的文化交流中有着明确的主导性，东渐的外来文化可以获得最大限度的包容并被迅速本土化，西被的本土文化也可以声教讫于四海而到达遥远的地方。丝绸之路上的墓室壁画也是这样，一方面，有东渐的外来文化，也有西被的本土文化，但在这一载体上进行的文化交流中，本土文化占主导地位；另一方面，墓室壁画完全是在重生信仰指导下完成的艺术行为，因此墓室壁画中本土文化的主导性更强。这样的语境下，墓室壁画描述重生信仰的宗教体验，墓室壁画成为汉以后最纯粹的本土宗教艺术载体，也因此使我们能够在认识佛教东渐并全面影响我国传统文化的时候有一个明确的参照系。这一现象的存在，是墓室壁画对中国传统文化的一个重要贡献。

从中国传统艺术发展史看，墓室壁画有着很高的艺术价值。中国传统绘画有两种流传方式：一是传世作品，一是考古作品，考古作品主要来自墓室壁画。墓室壁画是考古作品，因此这一美术作品的可靠性大大提高；同时，已有考古成果的绘画面积逾万平方米，墓室壁画体量是如此巨大，这是其他绘画类型所不可企及的。

从考古成果看，中国墓室壁画的遗存近一半在丝绸之路上，时间上也是从西汉沿革到清代，贯穿始终。中国墓室壁画有彩绘壁画、砖石壁画、帛画、棺板画等类型，这些类型的遗存在丝绸之路上都有发现，并且达到了很高的艺术水准。中国最早的黄帝图像和最早的山水画图像等，也都是出现在墓室壁画中。此外，墓室壁画具有非常突出的综合性艺术价值，可以提供宗教美术、美术考古，以及建筑、材料等各方面的历史信息，这些都是以史为证的支撑材料。

从世界艺术发展史看，中国墓室壁画也有着独特的贡献。目前墓室壁画遗存集中的只有三个国家，就是中国、埃及和墨西哥三国。埃及墓室壁画比中国早，法老时代走向辉煌，但之后希腊、罗马统治时代就式微了。墨西哥墓室壁画发展很晚，后来也被西方殖民主义者打断了。中国墓室壁画自西汉开始一直沿革到清代，从帝王到平民的各个阶层都曾以极大的热情参与墓室壁画的丧葬活动之中，并且地域分布广泛。从艺术发展的连贯性和广泛性看，中国墓室壁画具有世界性的不可比拟的价值。

墓室壁画是中国较纯粹的本土传统艺术，也是具有世界不可比拟的传统艺术，当然也是丝绸之路上的一座叹为观止的艺术高峰。

2017 年 3 月于东南大学

Preface

Wang Xiaoyang

The Silk Road was an ancient network of trade routes, linking China with the West. In history, the Silk Road was a main thoroughfare for the exchange of culture and goods between the East and West and between the North and the South as well. 'Over the Great Desert, a lone straight column of smoke rises up; On the long river, the setting sun is round.' The above two lines from a poem by the famous poet and painter Wang Wei (701—761) vividly depict the natural environment and beautiful landscape of the Great Desert along the Silk Road. The Silk Road under the pen of Wang Wei appears remote and mysterious; indeed, it is a great road of art filled with enthusiasm, romanticism and inspiration. Here, apart from the well-known frontier poetry and Buddhist grottoes, tomb murals offer themselves as a long string of shining beads threading through the Silk Road.

The Silk Road, known in history as *zaokong* or '(a road) chiseled out of nothing', was officially opened during the reign of Emperor Wu of the Han Dynasty (141 BC-87 BC) The Emperor dispatched Zhang Qian (114 BC) to the Western Regions twice with a view to forming allegiance with the Tokharians to fight against their common foe—the Xiongnu. The mission undertaken by Zhang Qian to the Western Regions was obviously a diplo-military one. From then onwards, the Silk Road became an ever-increasingly open and free road for commercial, religious and artistic activities, and ethnic migrations and East-West cultural communications along the Silk Road grew to be a normal phenomenon. The 'Tribute of Yu' of the Book of Documents notes: 'Reaching eastwards to the sea; extending westwards to the moving sands; to the utmost limits of the north and south; his fame and influence filled up (all within) the four seas'. From the perspective of native Chinese culture, 'reaching eastwards and extending westwards' is a true portrayal of cross-cultural communications along the Silk Road.

When talking about the East-West cultural exchange, people tend to focus on foreign cultures reaching eastwards to China with little attention given to Chinese culture extending westwards. Actually, backed by the politico-military forces of the powerful empire in the East and its long-lasting highly developed civilization, Chinese culture played an absolutely dominant role in the exchange of culture along the Silk Road; foreign cultures from the West were quickly sinicised and absorbed into Chinese culture; and Chinese culture extended as far as the four seas and made its influence felt in extremely remote areas. This is also the case with murals found in the tombs along the Silk Road. On the one hand, there are not only elements of foreign cultures from the West in the tomb murals but also elements of native Chinese culture, which feature more prominently in the murals; on the other hand, the tomb murals resulted from the artistic activities conducted entirely in line with Han Chinese belief in the afterlife, hence the dominant role of Chinese culture in creating tomb wall paintings. In this context, Han tomb murals describe the religious experience of the afterlife; they have been the purest conveyor of native Chinese art since the Han Dynasty, for they provide a well-defined reference system by which to compare and contrast with the Chinese traditional

art created under the influence of Buddhism from the Western Regions. This is the great contributions of Han tomb murals to traditional Chinese culture.

Tomb murals have very high artistic value from the perspective of the historical development of Chinese art. There are two types of traditional Chinese paintings—those handed down from ancient times, and those excavated from archaeological sites that come mostly in the form of tomb murals. As archaeological artifacts, tomb murals are more reliable fine art works from ancient China compared with paintings handed down to us. Moreover, murals that have been found so far in excavated tombs cover a total area of more than ten thousand square metres, which has been unmatched by any other form of paintings from ancient China.

Nearly half of the tomb murals are found from the burial sites along the Silk Road that span more than 2,000 years from the Western Han Dynasty (206 BC—25 AD) till the Qing Dynasty (1644—1911). Chinese tomb murals mainly come in such forms as coloured paintings on walls, paintings on stones, bricks and silk, and on coffin boards as well, as shown in the numerous archaeological finds along the Silk Road, and have reached a very high artistic level. The earliest known portrait of Huangdi (the Yellow Emperor) and landscape paintings were all drawn on tomb walls. Besides, tomb murals have an enormous value as an comprehensive art. They contain historical information regarding religious fine art, fine art archaeology, architecture, building material, etc., and provide material evidence for history as documented in written texts.

Chinese tomb murals make a unique contribution to the historical development of the world's fine art. Archaeological finds of tomb murals are concentrated in China, Egypt and Mexico. Tomb murals from ancient Egypt are older than those from ancient China. They flourished most of the time of the pharaohs (3050 BC—30 BC), and declined when Egypt came under Greek and Roman rule. Mexican tomb murals developed later than their Chinese counterparts, but their development was interrupted by Western colonialists. In contrast, tomb mural paintings began to appear in China during the Western Han Dynasty and continued to be drawn into the Qing Dynasty. People of all walks of life from emperors and kings to commoners were enthusiastically involved in tomb mural related funeral activities. Chinese tomb murals enjoy wide distribution and historical continuity. As the purer form of native Chinese art, they are of matchless value in the treasures of art in the world. And of course, they are a peak of Chinese art on the Silk Road.

March 2017
Jiulonghu Campus, Southeast University
Nanjing, China

目 录

前言
Preface

第一章　概述　　　　　　　　　　　　　　　　　　　1
　第一节　地域界定　　　　　　　　　　　　　　　　2
　　一、历史沿革　　　　　　　　　　　　　　　　　2
　　二、当代行政区划　　　　　　　　　　　　　　　3
　　三、本书的范围　　　　　　　　　　　　　　　　4
　第二节　遗存梳理　　　　　　　　　　　　　　　　4
　　一、遗存的总体数量　　　　　　　　　　　　　　4
　　二、遗存的地域分布　　　　　　　　　　　　　　5
　　三、遗存的阶段分布　　　　　　　　　　　　　　6
　第三节　形制类型　　　　　　　　　　　　　　　　8
　　一、墓室形制类型　　　　　　　　　　　　　　　8
　　二、壁画形制类型　　　　　　　　　　　　　　　8
　第四节　壁画题材类型　　　　　　　　　　　　　　9
　　一、现实生活类　　　　　　　　　　　　　　　　9
　　二、历史人物故事类　　　　　　　　　　　　　　11
　　三、宗教思想类　　　　　　　　　　　　　　　　11
　　四、装饰纹样类　　　　　　　　　　　　　　　　12
　第五节　丝绸之路对墓室壁画的影响　　　　　　　　12

第二章　兴盛期的墓室壁画　18
第一节　汉代的墓室壁画　19
一、遗存梳理　19
二、形制类型　19
三、题材类型　20
第二节　魏晋南北朝的墓室壁画　23
一、遗存梳理　23
二、形制类型　24
三、题材类型　28
第三节　丝绸之路对兴盛期墓室壁画的影响　95

第三章　繁荣期的墓室壁画　101
第一节　隋唐五代的墓室壁画　102
一、遗存梳理　102
二、形制类型　102
三、题材类型　104
四、丝绸之路对隋唐五代墓室壁画的影响　111
第二节　宋辽西夏金的墓室壁画　113
一、遗存梳理　113
二、形制类型　113
三、题材类型　117
四、丝绸之路对宋辽西夏金墓室壁画的影响　128

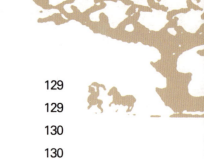

第三节　元代的墓室壁画　　　　　　　　　　　129
　　一、遗存梳理　　　　　　　　　　　　　　129
　　二、形制类型　　　　　　　　　　　　　　130
　　三、题材类型　　　　　　　　　　　　　　130

第一章 概述

甘肃，简称甘或陇，位于黄河上游，在中国的西部地区。地理形势上，甘肃周边有祁连山、合黎山等山脉烘托，形成了南北走向的长条堆积平原，长约1 000公里，宽数公里至近200公里，因此有河西走廊之称。历史上，河西走廊是中原与西域交流的必经之路，承担了东西方文化交流的重任，也形成了独特的宗教大融合、民族大融合的本地文化。

第一节 地域界定

一、历史沿革

甘肃古属雍、凉二州，地处黄河上游，它东接陕西，南控巴蜀、青海，西倚新疆，北扼内蒙古、宁夏，是古丝绸之路上的锁匙之地和黄金路段。甘肃是取甘州（今张掖）、肃州（今酒泉）二地的首字而成。由于西夏曾置甘肃军司，元代设甘肃省，简称甘；又因省境大部分在陇山（六盘山）以西，而唐代曾在此设置过陇右道，故又简称为陇。

甘肃历史悠久，是我国远古人类的主要聚居地和古代农业的重要发祥地之一。商周之际，周秦部族先后在今甘肃东部崛起并向东发展，对国家政治生活有过重要影响。秦武公十年（前688）秦攻邽、冀之戎，灭之以为县，为全国置县之始；至昭王时，又先后在今省境东部设陇西郡、北地郡。西汉时，今省境内郡县设置日趋完善，除陇西、北地外，武帝至昭帝间又陆续增武威、张掖、敦煌、天水、安定、武都、金城诸郡，共辖115县。东汉时，省境属凉州，辖10郡、2属国、99县。魏晋以降至唐末间，省境内郡县设置多有变更，大抵按州、郡、县或路、府、县划分。西夏时瓜、沙、甘、凉、肃、会6州为其割据所有，金朝则在今省境设4路16州（府）50县。入元，全国创设省制，元世祖至元十八年（1281），甘肃正式设省，称甘肃等处行中书省，简称甘肃行省，治所甘州，下辖7路、5直隶州、4府、22属州、24县。

明代，甘肃隶属陕西等处行中书省，今甘肃省境设5府、9届州、50县。至乾隆时期，甘肃辖区除今省境外，尚辖西宁府、宁夏府及新疆东境一部。清康熙三年（1664）分陕西为左、右布政使司，后陕西右布政使司改甘肃布政使司，徙治兰州，乾隆二十九年（1764）陕甘总督移驻兰州。嘉庆时甘肃布政使司领兰州、巩昌、平凉、庆阳、宁夏、甘州、凉州、西宁、镇西9府，泾州、秦州、阶州、肃州、安西、迪化6直隶州。光绪十年（1884），新疆建省，甘肃辖8府6州1直隶厅，61县、8属厅。除宁夏、西宁两府外，其行政区域与今基本相同。

光绪十二年（1886），分镇西府、迪化州置新疆省。1912年改府、州为县，置兰山、宁夏、西宁、泾原、渭州、安肃、甘凉7道，分领77县。1928年分宁夏等地置宁夏省，又分西宁等地置青海省。1936年后又陆续置岷县、平凉、庆阳、天水、临夏、武威、酒泉、武都、临洮9个行政督察区，1941年置兰州市。1928年划西宁等7县属青海，宁夏等8县属宁夏，甘肃辖境与今相同。

周秦汉唐以来，河陇各族人民以其所处的重要地理位置，在政治、文化、经济等各方面为中华民族都曾做出过重要贡献。明清两代的全面发展，为甘肃进入近代社会奠定了必要的基础。[①]

二、当代行政区划

1949年底，全省辖兰州市及庆阳、平凉、定西、临夏、岷县、武都、天水、武威、酒泉、张掖10个专区、77个县及2个设治局（肃北、卓尼）。1950—1979年，辖区曾先后多次做过撤销合并，复置改置、划进划出的调整时有进行。1981年置金昌市为省

[①] 甘肃省地方史志编纂委员：《甘肃省志第一卷概述》，甘肃人民出版社，1989年，第29页；李宝库：《中国政区大典》，浙江人民出版社，1999年，第285-288页。

辖市。1985年撤天水地区，升天水市为省辖市，复置白银市为省辖市，改武都地区为陇南地区后成今境。至今全省共设兰州、天水、白银、金昌、嘉峪关5个省辖市，庆阳、平凉、陇南、定西、武威、张掖、酒泉7个地区，临夏、甘南2个自治州；共有8个县级市，60个县，7个民族自治县，11个市辖区。甘肃是一个多民族的省份，省境有44个民族，世居的民族主要有汉、回、藏、东乡、土、裕固、满、保安、撒拉、蒙古、哈萨克11个民族，少数民族总人口227.6万，占全省总人口的9.34%。东乡、保安、裕固族是甘肃特有民族，主要分布在民族自治地之甘南、临夏州，肃南、肃北、阿克塞、张家川、天祝等县。①

三、本书的范围

由于自然的影响和频繁的政治形势变化，甘肃历史上的行政区划变化比较多，因此，若没有特别说明，为便于分析和查找，本书的范围以甘肃现今的行政区划为主。

第二节 遗存梳理

一、遗存的总体数量

1944年，夏鼐等在敦煌佛爷庙湾墓地发掘了十几座魏晋墓，其中翟宗盈墓墓门上有门楼式照墙、雕砌斗和门阙，并嵌有彩绘画像砖。1949年以后，甘肃地区陆续清理、发掘了一大批古代壁画墓或画像砖墓。这些墓葬的清理发掘，不仅使我们对该地区该时

---

① 甘肃省地方史志编纂委员：《甘肃省志第一卷概述》，甘肃人民出版社，1989年，第29页；李宝库：《中国政区大典》，浙江人民出版社，1999年，第285-288页。

期墓葬制度与形制等问题有了一定的认识和了解，也为我们探寻独具特色的墓葬壁画艺术形式与风格提供了重要依据。

二、遗存的地域分布

甘肃墓葬遗存主要分布于河西及陇东地区。其中张掖市13座，分别为高台县罗城乡河西村地埂坡墓地1、2、3、4、6号墓，高台县骆驼城土墩墓群M2号墓，高台县许三湾墓群3号墓，高台县骆驼城苦水口1号墓、2号墓，前秦建元十四年墓，民乐八卦营M1、M2、M3号墓；嘉峪关市10座，分别为嘉峪关新城1号、3号、4号、5号、6号、7号、12号、13号墓，嘉峪关观蒲9号墓，嘉峪关市牌坊梁壁画砖墓；武威市20座，分别为韩佐乡红花村五坝山西汉7号墓，雷台汉墓，磨嘴子东汉壁画墓，武威西夏乾祐十六年（1185）墓，武威西郊林场刘德仁2号墓，武威西郊林场刘德仁3号墓，威武砖砌西夏墓，武威西关砖室墓，管家坡3号墓，武威南滩赵家磨M1，武威臧家庄魏晋墓M1、M2，交警支队综合楼魏晋墓，新青年巷魏晋墓，武运司家属楼魏晋墓，武威师范学校魏晋墓，辛家河南滩桥采石场墓，西关河西装潢公司综合楼魏晋墓，第一粮食仓库墓，昌兴房地产公司综合楼魏晋墓；酒泉市25座，分别为酒泉石庙子滩壁画墓，酒泉崔家湾南湾1、2号墓，酒泉西沟村M5号魏晋墓，酒泉西沟村M7号魏晋墓，佛爷庙湾1001号墓，酒泉丁家闸5号墓，酒泉下河清第1号墓，酒泉西沟村M4号魏晋墓，酒泉西沟M1、M2号唐墓，敦煌祁家湾M369、M301、M310号墓，敦煌佛爷庙湾西晋画像砖墓M37、M39、M91、M118、M133、M167，敦煌佛爷庙湾墓群1号墓，瓜州县踏实墓群2号墓，酒泉小土山墓，酒泉市果园乡高闸沟村魏晋墓，下河清五坝河墓；天水市11座，分别为清水县贾川乡董湾村金墓，王家新窑宋代雕砖墓，师家湾村墓M1、M2、M3号墓，清水县贾湾墓，清水县苏屲村宋代彩绘砖雕墓，清水县后裕新村砖雕彩绘墓，清水县白沙乡箭峡墓，武山洛门镇西旱坪金墓，张家川南川宋墓；定西市5座，分别为定西元墓M2、M4号墓，陇西县李泽宋墓，漳县元代汪世显家族墓，渭源县蒲川乡刘营

村金墓；庆阳市 6 座，分别为合水唐魏哲墓、镇原宋墓、环县宋代彩绘砖雕墓、合水县 M1 号宋墓、合水县 M2 号宋墓、合水县 M3 号宋墓；临夏回族自治州 6 座，分别为临夏县宋墓、临夏金代砖雕墓、临夏市南龙镇金代大定十四年砖雕墓、临夏市红园路金代砖雕墓、临夏市和政县金代砖雕墓、临夏市红园广场宋墓；白银市 3 座，分别为会宁宋墓、会宁县甜水宋墓、会宁县丁沟乡沈屲村宋金墓；兰州市 1 座，为中山林金代雕砖墓；平凉市 1 座，为静宁金墓。

河西地区独特的地域背景产生了独特的墓葬文化，而且，长久以来被掩埋在黄土之下不为人所知，因此得到了很好的保护。20 世纪 70 年代以来，河西地区陆续发现了以嘉峪关新城墓地、敦煌佛爷庙湾墓地等为代表的魏晋至十六国时期的墓葬，研究者的注意力开始集中于这一地区特殊的墓葬艺术形式。甘肃中、东部的天水、定西、兰州、庆阳等地的壁画墓遗存主要归属宋、金两代。宋代壁画墓中丰富的社会生活类画面展现了宋代西北农村的生活情景，而金代墓室壁画中突出的"孝子故事"，是全真教在北方对封建伦理大力宣传的反映。

三、遗存的阶段分布

甘肃壁画墓遗存年代分布呈现出不均衡的特点，集中分布于两个时期：其一为魏晋南北朝时期，共 58 座；其二为宋辽西夏金时期，共有 34 座。两个时期的遗存数量占了总数的 75%。除此之外，汉代 4 座、隋唐五代 5 座、元代 4 座，而明清时期壁画墓遗存只有 2 座。据此，本书将甘肃地区的墓葬壁画分为两个阶段。

第一阶段：墓室壁画兴盛期——汉魏晋南北朝，是丝绸之路的兴盛期。这一时期的壁画墓遗存共有 63 座，其中汉代 5 座、魏晋南北朝时期 58 座。墓室形制以多室墓为主，单室墓只有 1 座，为佛爷庙第 1001 号墓。

第二阶段：墓室壁画繁荣期——隋唐五代宋辽西夏金元，这是丝绸之路的繁荣期。这一时期的壁画墓遗存共有 46 座，其中唐代 3 座、宋金 30 座、西夏 7 座、元 6 座。墓室形制方面，44座为单室墓，2座为双室墓。

明清时期，甘肃壁画墓遗存仅见一处，为漳县汪世显家族M12、M15明代墓。由于壁画规模小，且残毁严重，可以提取的信息量非常有限，故不作深入讨论。

从墓葬壁画遗存的数量与保存方面来说，以嘉峪关魏晋时期墓室壁画最为丰富，并且形成了鲜明的地域特色，呈现出明显的世俗化倾向。从东汉起，类似庄园经济式的私人田园出现，使得中国的社会结构发生了转型，墓葬艺术也开始由神仙信仰转向世俗。汉代艺术，"以儒家思想为背景的礼教美术"和"以人生享乐为背景的神仙美术"为主。发展到魏晋时期，魏晋人所推崇的个性主义和自然主义，"解脱了汉代儒教统治下的礼法束缚"。在嘉峪关魏晋墓室砖画中，除了少数墓门装饰有彩绘的四神像和铺首，以及漆棺上的少量神仙图像外，神仙信仰和宣扬教化的图像出现频率不高，流露出明显不同于汉代的追求。这里要说明的是：根据郑岩的研究，新城M1的漆棺中出现伏羲、女娲的形象，M6漆棺上则疑为东王公和西王母，M12男棺上绘有东王公、西王母，女棺绘有伏羲、女娲图像。为何在漆棺内出现神仙图像而墓室内却主要出现世俗题材，这应与当时人们的信仰有关。"结庐在人境，而无车马喧。问君何能尔？心远地自偏。"陶渊明的田园诗句道出的魏晋时期士大夫所标榜的生活理想，在嘉峪关魏晋砖画中得到了完美的诠释。它所折射出的浓郁生活气息，为我们留下了1600年前河西居民的珍贵风俗画卷，成为其社会生活的自然写照。由于这些砖画的画风简洁活泼，具有强烈的艺术感染力，从某种程度上说，它们是中国写意水墨的滥觞。河西地区地处丝绸之路要道，是汉文化向西域传播的中转站，因此嘉峪关魏晋砖画对我们理解边疆地区的汉代美术具有重要的借鉴意义。①

---

① 汪小洋：《中国墓室绘画研究》，上海大学出版社，2010年，第35页。

第三节 形制类型

一、墓室形制类型

1. 多室墓

如武威雷台汉墓（图1-1）、酒泉下河清第1号壁画墓、酒泉西沟村M5号魏晋墓。

2. 单室墓

如合水唐魏哲墓（图1-2）、临夏县宋墓、武威西夏乾祐十六年墓。

二、壁画形制类型

1. 画像砖

本地区的画像砖数量较少，时代偏晚，包括酒泉市果园乡西沟村3座唐墓，1座模印砖墓、2座彩绘模印砖墓；张家川南川宋墓中除了砖雕以外，还有模印的二十四孝图画像砖。

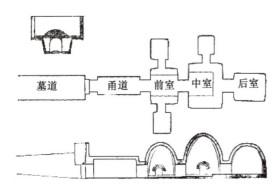

图1-1　墓室平、剖面及墓门正规图
武威雷台汉墓　东汉晚期
（采自《武威雷台汉墓》，《考古学报》1974年第2期）

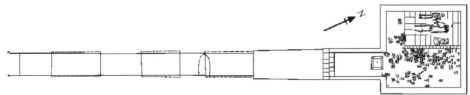

图1-2　墓室平面图　合水唐魏哲墓　唐咸亨元年（670）
（采自《甘肃合水唐魏哲墓发掘简报》，《考古与文物》2012年第4期）

2. 彩绘壁画

如武威雷台汉墓、武威磨嘴子汉壁画墓、酒泉下河清第 1 号壁画墓等。

3. 砖雕

如陇县李泽宋墓、环县宋代彩绘砖雕墓、临夏县宋墓等。

第四节　壁画题材类型

一、现实生活类

这类题材主要有动物图像、宴饮图、庖厨图和出行图等，继承了汉墓壁画、画像石的题材，较之更富有表现力和灵动性。其中出行图、乐舞图比较常见，如酒泉西沟村 M7 魏晋墓中的《出行图》《奏乐图》（图 1-3、图 1-4）。另有一《出行图》（图 1-5）绘一前一后两个骑吏骑马前行的场景，前面的骑吏着白衣袴，左肩斜扛长矛，后面的骑吏着灰色圆领衣，紧随其后。动物图像在嘉峪关魏晋砖墓绘画中出现频率极高，随处可见鸡群、羊群、牛、马乃至骆驼的图像，它们是作为财富象征出现在墓葬中的。佣人守在灶边烧火做饭的图像也随处可见。如嘉峪关魏晋墓 M7《杀猪图》，猪被缚于案上，体积硕大夸张，生活气息扑面而来。M6 的《宴饮图》中，男子手握肉串，正要享受美味。

图 1-3　出行图　酒泉西沟村 M7 号魏晋墓　魏晋
（采自徐光冀主编《中国出土壁画全集 9》，科学出版社 2012 年）

图 1-4　奏乐图　酒泉西沟村 M7 号魏晋墓　魏晋
（采自徐光冀主编《中国出土壁画全集 9》，科学出版社 2012 年）

图 1-5　出行图　酒泉西沟村 M7 号魏晋墓　魏晋
（采自徐光冀主编《中国出土壁画全集 9》，科学出版社 2012 年）

庖厨宴饮题材的作品是将墓主人的日常生活搬到墓室之中，充满情趣，是甘肃地区魏晋砖画中较为精彩的部分。酒泉西沟村M5号魏晋墓，前室东壁绘有《穹庐图》（图1-6）第一层有画像砖5块，其中第2块绘几何形图案，其余绘树林、飞鸟和穹庐帐，画面中穹庐两侧有茂盛的树木和飞鸟，一披发女子探头向外张望，表现了少数民族的生活画面。又如敦煌佛爷庙湾墓表现墓主人

图1-6　穹庐图　酒泉西沟村M5号魏晋墓　魏晋
（采自徐光冀主编《中国出土壁画全集9》，科学出版社2012年）

生前生活、庄园生产场景等社会现实生活的各种画面的画像砖均嵌于墓门两侧的墙壁。

二、历史人物故事类

甘肃壁画墓的历史人物故事丰富，在不同的历史时期，故事题材有所不同。魏晋南北朝时期主要为具有浓重英雄色彩的"李广射虎"，以及表现"知音"的名士伯牙、子期等连续画面。这些历史人物排布于照墙，或间布于第一类祥禽瑞兽之间，或安排于仿木构砖雕之间。

此外，中原文化的影响也很突出，比如宋壁画墓中流行二十四孝图，包括王祥卧冰、董永卖身、扼虎救父等常见题材。

三、宗教思想类

从东汉起，类似庄园经济式的私人田园出现，使得中国的社会结构发生了转型，墓葬艺术也开始由神仙信仰转向世俗。汉代艺术是"以儒家思想为背景的礼教美术"和"以人生享乐为背景的神仙美术"的结合，如武威磨嘴子汉壁画墓中的"仙人骑白象"、

酒泉下河清第1号壁画墓中的羽人形象。

敦煌佛爷庙湾墓群以各种神禽灵兽和神话传说最具代表性，根据其各自特点可分为两类：一类是中国传统文化中最常见的四神，即青龙、白虎、朱雀、玄武等；二是各类散见于各种典籍，或民间流传，或现已不可考的奇禽灵兽及半人半兽的神怪等。如"河图""洛书""天禄""九尾狐""凤""羽人"等见于有关典籍，且与一定的传说相联系；如舍利（猞猁）、双头鱼、双头神兽以及狰狞的半人半兽类等民间流行而现已不可考其具体涵义的异兽和神怪。①

四、装饰纹样类

装饰纹样在壁画墓中也极为常见，主要有两大类：其一为图案化的飞禽走兽；其二为植物花卉。如敦煌佛爷庙湾魏晋墓群，壁画图像中有佛教文化因素的动植物纹样，此类量少且简单，如白象和莲花图案高踞于墓顶，但它却透露出一些新的、重要的文化信息，且因其量少而更弥足珍贵。清水县白沙乡箭峡墓中的缠枝花卉、兰州中山林金代雕砖墓中的砖雕花卉与静宁金代墓墓壁的雕刻和彩绘装饰纹样，都是兼顾装饰性并突出主题的重要环节。

第五节　丝绸之路对墓室壁画的影响

甘肃地处东亚与中亚的结合部，位居丝绸之路枢纽地带，为丝绸之路必经之地，是世界上四大文化体系的汇流之区，享有"丝绸之路三千里，华夏文明八千年"的美誉。

---

① 王中旭：《敦煌佛爷庙湾墓伯牙弹琴画像之渊源与含义》，《故宫博物院院刊》2008年第1期。

第一章 概 述

甘肃境内的丝绸之路由东向西，横贯甘肃全境，全长达 1 000 公里。丝绸路上诸多民族频繁往来、交流、聚集于此，文化特色上表现出鲜明的开放、多元、互补的风格，其文化遗址既有整个丝路文化的整体特征，又体现出东西文明交流、融合的多元性，成为东西方文化交流交融的生动缩影和典型例证。甘肃是我国历史上率先对外开放的地区，河西走廊为我国走向世界的第一条通道。西方文化进入中国后，首先要通过河西走廊进行中国本土化及创新性发展，而中国的丝绸、茶叶、瓷器、印刷术等先进文化也要通过丝绸之路进入西方，创造出了莫高窟、麦积山、炳灵寺、榆林窟、北石窟、云崖寺等 50 多处石窟群，灿若繁星，辉耀于丝路古道上。① 甘肃地区既是中原、西域文化的接受者，也是中原和西域文化的传播者，同时又创造出丰富多彩的地方文化艺术。辉煌灿烂的丝路文化影响到了甘肃的每一个区域。

自汉以来，甘肃河西就是军事与贸易重地，西汉早期为了巩固河西，保卫"丝绸之路"，填补河西人口的空缺，加强河西的边防，汉武帝在此设"四郡"（酒泉、张掖、武威、敦煌），实行"移民实边"和"屯田"政策。通过这两条措施，到西汉末，从内地移往河西的人大约有 28 万人（61 270 户），它不仅填补了河西的人口空缺，而且给河西送来了中原的先进耕作技术、灌溉技术和文化。② 至曹魏时期，"河陇文化"体系基本形成。十六国"五凉"时期，河西成了华夏经济文化中心，其繁荣程度甚至超过中原。由于河西走廊受惠于丝绸之路，地域优势十分突出，商贸自然也很发达，既有民间贸易，也有官方贸易。民间贸易以粮食、蚕桑、牲畜和手工业产品为主；官方贸易涵盖的范围更广。据悉，"五凉"政权强盛时期，西域也要向"五凉"进贡，贡品多为珠玉、火浣布、孔雀、犀牛、大象等。"五凉"时期，"天下丧乱，凉州独全"，中原、江南、江汉、北方、西域等地大批学者迁来河西，这就更加充实和壮大了本来就可以与中原平分秋色

---

① 刘夫孔：《简述甘肃昔日之辉煌》，《甘肃广播电视大学学报》2005 年第 1 期。
② 刘夫孔：《简述甘肃昔日之辉煌》，《甘肃广播电视大学学报》2005 年第 1 期。

的"河陇文化"体系的阵容。① 也正是在富裕祥和的环境中，河西地区在理学、史学、文学、佛学研究方面都取得了重大成果，在音乐、舞蹈、杂技等方面也成绩卓著。经过曹魏、五凉时的大发展，到北朝时期"河陇文化"体系已基本成熟，并和中原文化相互渗透，同时向周边少数民族地区不断延伸。这时的河西已成了华夏的经济和文化中心。

西汉以来，我国沿丝绸之路向西开放，开阔了人们的视野。大西北的开垦，使得汉族与少数民族、西北边疆与内地之间形成了紧密的交流关系与内在联系。汉代"事死如生"的厚葬习俗在曹操父子的倡导下逐渐改成薄葬。《三国志·魏书·武帝纪》："令民不得复私仇，禁厚葬，皆一之于法。"曾经兴盛一时、颇费工本的画像石和墓室壁画已经成为明日黄花。与中原地区相反的是，地处丝绸之路要道的河西走廊，即现在的甘肃嘉峪关、天水、武威、张掖、酒泉等地区的军民，却因为战事鲜及而享受着相对平静的生活。关内的战乱导致移民涌入，将农桑技术和先进的中原文化带入这一地区。《后汉书·孔奋传》记载："时天下扰乱，惟河西独安，而姑臧称为富邑，通货羌胡，市日四合，每居县者，不盈数月，辄致丰积。"尽管中原动荡不安，但河西社会安宁，经济繁荣，逐渐成为人们安居乐业的"世外桃源"。②

一个地区物质文化的面貌，往往不会因为改朝换代而发生突变。河西地区在墓葬活动上基本上保留了汉代"厚葬"传统。在中原战乱不息的十六国时期，河西担当着保存和传递中原文化的重要角色。酒泉、敦煌一带墓门以上砖砌的楼阁状照墙在陕西潼关吊桥汉代杨氏墓群可以见到。陕北汉画像石墓墓门的装饰与河西地区照墙上所表现的观念十分接近。但另一方面，也要看到汉代画像中一些重要的内容在河西地区没有被继承下来，如三皇五帝、刺客忠臣、孝子列女等。汉代最常见的车马出行图像在河西已大为简化。

---

① 刘夫孔：《简述甘肃昔日之辉煌》，《甘肃广播电视大学学报》2005年第1期。
② 汪小洋：《中国墓室绘画研究》，上海大学出版社，2010年，第66页。

甘肃嘉峪关新城、牌坊梁等处古墓群中魏晋时期的壁画，内容有墓主人出行、宴享、游猎、六博以及军屯等，但更多地表现了劳动人民的各种生产活动，生动刻画了河西各族人民的农作、畜牧、桑林、炊庖等各种劳动场景，其中还完整地描绘了从播种到收获的一系列农业生产的过程。如嘉峪关新城3号墓的《牛车图》（图1-7）、《狩猎图》（图1-8）、《庖厨图》（图1-9）、嘉峪关新城7号墓《牛车图》（图1-10）。这些彩绘砖在绘制时普遍用白垩涂底，有的先用土红色起稿，然后用墨线勾出轮廓，线条富于动感，用笔迅疾如飞，有酣畅淋漓之气势。墨线轮廓中再填入赭石、朱红和石黄等色，呈现出热烈而明快的色调。

嘉峪关魏晋壁画中的人物和动物均呈现动感，奔动的气势给人以强烈的艺术感受，以此构成了豪放雄健的艺术风格，并且显

图1-7　牛车图　嘉峪关新城3号墓　魏晋
（采自徐光冀主编《中国出土壁画全集9》，科学出版社2012年）

图1-8　狩猎图　嘉峪关新城3号墓　魏晋
（采自徐光冀主编《中国出土壁画全集9》，科学出版社2012年）

图 1-9　庖厨图　嘉峪关新城 3 号墓　魏晋
（采自徐光冀主编《中国出土壁画全集 9》，科学出版社 2012 年）

图 1-10　牛车图　嘉峪关新城 7 号墓　魏晋
（采自徐光冀主编《中国出土壁画全集 9》，科学出版社 2012 年）

示出中国古代绘画从汉向晋转变的过程，还反映了河西地区魏晋时期的绘画发生了由概念到具体、由粗到细、由装饰性绘画向独立的单幅绘画逐渐演变的情况，这说明河西地区早在北朝佛教壁画兴盛之前，传统的壁画艺术已有了成熟的面貌。

敦煌佛爷庙湾西晋画像砖墓照墙上画像砖的具体排列多为相同题材的画像砖一式两件，在同一层内两两相对。即使一些不相同的灵禽神兽，亦作两两相对排列。即以照墙的中轴为基准，左右两侧完全或基本对称。从而体现了严格的均衡，使照墙画面显得整齐划一，并与每个具体画面中各个祥禽瑞兽本身腾跃虬屈的身体造型相呼应。在某种意义上说，这种着意的对称均衡排列所体现的静谧更突出地衬托出各个祥禽瑞兽自身灵异生命的强烈律动，奇禽异兽和神怪及其颇具匠心的布局使得照墙壁面成为一个充满浪漫想象与激情的，包含丰富神话内容与强烈追求的艺术世界，似乎透露了墓主人更实际的强烈功利思想和矛盾心理。神幻虚灵虽为时俗，且为人们孜孜以求，但它毕竟是虚的幻影，可望而不可即。而世俗的生活享乐却更具有吸引力，它毕竟是与现实生活息息相联的。主人跽坐的悠闲和雍容，观看仆佣劳作、收获所获得的占有欲的满足，才是墓主转世不舍的更迫切的追求。如果说照墙上以奇禽异兽为代表的仙瑞体现了当时人们"出世"成仙的虚茫希冀，那么墓室内现实生活的场景则反映了人们"入世"的具体追求。①

总之，甘肃是丝绸之路的要道，墓室壁画为研究甘肃墓葬制度、壁画艺术打开了窗口，为研究中国美术史和中西文化交流史提供了可贵的资料。

---

① 王中旭：《敦煌佛爷庙湾墓伯牙弹琴画像之渊源与含义》，《故宫博物院院刊》2008年第1期。

第二章 兴盛期的墓室壁画

第二章　兴盛期的墓室壁画

第一节　汉代的墓室壁画

一、遗存梳理

甘肃汉墓主要分布于河西的武威、张掖、酒泉一带，重要的壁画墓遗存有 4 座，包括武威雷台汉墓、武威磨嘴子汉墓、酒泉下河清第 1 号壁画墓、韩佐乡红花村五坝山西汉 7 号墓。

二、形制类型

1. 墓室形制

墓葬形制以多室墓居多，单室墓只有一座。武威雷台汉墓为带有封土和墓道的多室砖券墓。酒泉下河清第 1 号壁画墓分前、中、后三室，为双层砖室墓，壁画位于檐壁和前室四壁。① 武威磨嘴子汉墓规模较大，为横前室双后室土洞墓，有斜坡式墓道。韩佐乡红花村五坝山西汉 7 号墓则为单室土洞墓。

2. 壁画形制

均为彩绘壁画，武威雷台汉墓壁画位于墓道的两壁，前室、中室、后室的顶部等处。前室、中室、后室的顶部，皆为盝顶形式。顶部正中嵌方砖一块，用红、白、黑三色彩绘莲花藻井。前、中、后三室的四壁，都有用墨和白粉涂绘的菱形、折形和条带形

---

① 甘肃省文物管理委员会：《酒泉下河清第 1 号墓和第 18 号墓发掘简报》，《文物》1959 年第 10 期。

的图案。[①] 武威磨嘴子东汉壁画墓，壁画绘制在前室后半部分的墓壁与顶部的白灰面上。酒泉下河清第 1 号壁画墓为彩绘砖，为甘肃境内解放以来的初次发现。韩佐乡红花村五坝山西汉 7 号墓，壁画绘于四壁，内容为狩猎、羽人、神兽、宴饮、庖厨、坞堡等。

三、题材类型

甘肃地区发现的汉代壁画墓数量较少，题材类型相对比较简单，大致可以分为现实生活类和宗教类两种。

1. 现实生活类

耕种图

酒泉下河清第 1 号壁画墓南壁有 3 幅《耕种图》，第一幅位于南壁第二层，画面中一农人背树侧立，似持物件在劳动，头戴圆帽，身穿长衣，腰束带。第二幅位于五层一号，画面中一农人手持农具，背树侧立从事生产，头部不清，身着长衣过膝，腰束带。第三幅位于六层，农人面部已残，穿圆领系带长衣，手持一农具，背树侧立锄草。

杂技图

武威磨嘴子东汉壁画墓西壁画面宽 1.15 米，高 1.84 米。因两后室甬道口有塌落，画面已残损。整幅画面除右侧绘一小头、圆眼、扁嘴、细长颈的鸟外，其余部分平列绘人物像，一排五人，其姿态各异。从其人物姿态分析，当为百戏画面，周围还绘有跪坐观百戏者，见《观百戏图》(图 2-1)。

2. 宗教思想类

天象图

武威磨嘴子东汉壁画墓顶部画面长 3.55 米、宽 1.3 米。绘《天象图》，左面为太阳，太阳中立金乌；右面为月亮，月亮中有蟾蜍。日月周围的天空，衬以升腾的朵朵行云。

---

① 甘肃省博物馆：《武威雷台汉墓》，《考古学报》1974 年第 2 期。

图 2-1 观百戏图 甘肃武威磨嘴子
东汉壁画墓 东汉
（采自徐光冀主编《中国出土壁画全集 9》，
科学出版社 2012 年）

图 2-2 羽人图 甘肃威武韩佐乡
红花村五坝山西汉 7 号墓 西汉
（采自徐光冀主编《中国出土壁画全集 9》，
科学出版社 2012 年）

仙人骑象图

武威磨嘴子东汉壁画墓北壁有《仙人骑像图》，画面宽 1.3 米、高 1.84 米，右侧下角剥落，图面仅存一动物臀部，有短尾，躯体有羽，似为一头生翅膀的大象。大象背上似有一人骑坐，画面残损严重，形象已不可辨。①

羽人图

韩佐乡红花村五坝山西汉 7 号墓，壁画绘于四壁，有羽人、神兽等，位于墓室两壁

---

① 党寿山：《甘肃武威磨嘴子发现一座东汉壁画墓》，《考古》1995 年第 11 期。

中国丝绸之路上的墓室壁画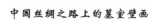

图 2-3 羽人戏羊图 甘肃武威磨嘴子
东汉壁画墓 东汉
（采自徐光冀主编《中国出土壁画全集9》，
科学出版社 2012 年）

南端。在墓壁涂一层极薄的细黄土，再施一层石绿色为底，于其上绘画。《羽人图》（图2-2），羽人头额上部残缺，双眼黑圆，嘴上有飘动的长须，双手上举，赤足而立，着石青色羽衣，笔致豪放泼辣。① 甘肃武威磨嘴子东汉壁画墓有《羽人戏羊图》（图2-3），位于墓室南壁，墓壁涂一层白垩，然后于其上绘画。由于画面右侧下角剥落，图像已不完整，仅存一羊的前半部，其余部分残缺。羊旁有一人，长头长颈，头顶有向后拖卷的饰物，肩臂和腰腿间有长长的羽毛。②

3. 装饰纹样类

神禽异兽图

酒泉下河清第1号壁画墓，前室壁画主要绘制在陡砖面上。南北两壁分六层，每层四块。东西壁门券顶部有一层，各四块，但西壁门券北旁多置一块，似为二层。整个画面布局，南北壁由上而下第一、二层和东西壁第一层主要绘飞禽走兽，西壁二层一块画有人物，南北两壁第三层画树木人物，第四层画帷幔人物，第五层画树木、人物、走兽，第六层画帷幔、人物和动物等。位于檐壁中南端，一驰牛在云中回头视望，四蹄悬空，飞速奔驰。在檐壁下南端，一翼龙于云中昂首前视，两翼向后，四肢作速行状，后尾高举。檐壁下北端画面中，一行虎在云中昂首举尾，作迅速前行状。南壁有飞鸟位于二层三号，是一只长嘴、红眼眶、长尾鸟，在举首飞翔。另有大象位于二层四号，作前行姿态，雄健

---

① 徐光冀：《中国出土壁画全集9》，科学出版社，2012年，第1页。
② 党寿山：《甘肃武威磨嘴子发现一座东汉壁画墓》，《考古》1995年第11期。

有力。①

树灯图

武威雷台汉墓近墓门处的墓道两壁面上，各有朱绘的树状花纹一组。树状花纹上连沿边的彩带，下抵墓道底，随墓道壁的高度不同而异，紧贴墓门处的一组高 2.58 米，距墓门 6.75 米处的一组高 1.84 米。树状花纹的形式大体相同，为一竖立的树状躯干，下插连弧状向下的山形底座。底座上的树状躯干两旁，各有向上斜伸的两个小枝。枝头上各有一个花卉状物体。竖立的躯干中部，两旁各有扁圆形的涡状叶面两个。躯干顶托连弧状物，弧圈向上承接沿边的彩带。弧圈连躯干处，左右又旁出向下斜伸的两个小枝，枝头上各有一个花卉状的东西。整个绘画，线条粗犷简朴。画面用意，似为树灯。②

第二节　魏晋南北朝的墓室壁画

敦煌、酒泉、嘉峪关、高台是发现魏晋彩绘砖墓比较集中的地区，敦煌新店台、佛爷庙湾和祁家湾墓群，酒泉和嘉峪关新城墓群，高台骆驼城和许三湾墓群等是彩绘砖墓主要发现地。

一、遗存梳理

甘肃魏晋南北朝壁画墓遗存 56 座，包括嘉峪关新城 12 号和 13 号画像砖墓，酒泉西沟村 M5 号和 M7 号魏晋墓，佛爷庙湾 M1、M39、M133、M118、M37、M1001 号墓，嘉峪关新城 M1、M3、M4、M5、M6、M7、M12、M13 号墓，酒泉丁家闸 5 号墓，高台县

---

① 甘肃省文物管理委员会：《酒泉下河清第 1 号墓和第 18 号墓发掘简报》，《文物》1959 年第 10 期。
② 甘肃省博物馆：《武威雷台汉墓》，《考古学报》1974 年第 2 期。

罗城乡河西村地埂坡墓地1、2、3、4、6号墓、高台县骆驼城土墩墓群M2号墓、高台县骆驼城苦水口1号和2号墓、高台县骆驼城壁画墓、高台县许三湾墓群3号墓，瓜州县踏实墓群2号墓，酒泉西沟村M4号魏晋墓，敦煌祁家湾M310、M301、M369号墓，民乐八卦营M2、M1、M3号墓，下河清五坝河墓，嘉峪关市牌坊梁壁画砖墓，酒泉石庙子滩壁画墓，永昌县东四沟画砖墓，酒泉崔家湾南湾1、2号墓，管家坡3号墓，嘉峪关观蒲9号墓，武威南滩赵家磨M1，武威臧家庄魏晋墓M1、M2，交警支队综合楼魏晋墓，新青年巷魏晋墓，武运司家属楼魏晋墓，武威师范学校魏晋墓，昌兴房地产公司综合楼魏晋墓，西关河西装潢公司综合楼魏晋墓，辛家河南滩桥采石场墓，第一粮食仓库墓。

墓葬遗存均分布于河西的武威、酒泉、嘉峪关、敦煌等地，以武威和酒泉最为集中。河西地区魏晋十六国时期的墓葬，主要以嘉峪关新城墓地为主，该墓地位于嘉峪关市东北20公里处的新城乡戈壁滩上。其中嘉峪关新城M1、M3、M4、M5、M6、M7、M12、M13号墓为彩绘砖壁画墓，共出土壁画砖700余块。从形制上看，这些彩绘砖墓具有鲜明的地域特色。

二、形制类型

1. 墓室形制

甘肃地区壁画墓大多为双室墓和多室墓，在嘉峪关、酒泉、高台、民乐等地发现三室墓，分为砖室墓和土洞墓两类。高台县骆驼城土墩墓群M2号墓为四室砖室墓。西关河西装潢公司综合楼魏晋墓、昌兴房地产公司综合楼魏晋墓、酒泉崔家湾南湾1号墓为三室墓，由墓门、前室和双后室组成。民乐八卦营M1为三室土洞墓。双室砖墓有嘉峪关观蒲9号墓、嘉峪关市牌坊梁壁画砖墓、武威师范学校魏晋墓。双室土洞墓有民乐八卦营M2，甘肃省高台县罗城乡河西村地埂坡墓地1、2、3、4、6号墓。敦煌祁家湾M310、M301、M369号墓为单室土洞墓。

多室墓墓葬由墓道、照墙、前室甬道、前室、中室甬道、中室、后室甬道、后室几部分组成。墓道为长斜坡形，墓门以上建有照墙，个别无照墙。前、中室平面近方形，四边略弧，前、中室均为覆斗顶，顶心为方形藻井，有模印的穿璧纹或四神纹方砖。前室和中室设数量不等的耳室及假门，各室之间以甬道相通，三室的土洞墓也有不设甬道的墓例。地面铺穿璧纹方砖，前室后壁下部有砖砌二层台，与中室及后室的地面相平。后室平面均为长方形，为覆斗或券顶。砖室墓的砌筑有两种方法：第一种是先挖出墓道，根据墓室大小，用打竖井的方法，挖出墓室，再打通隔梁，然后用砖砌筑墓室，再以筛过的细黄土填平墓室外部的砖缝。砖与砖之间不用黏合料。在墓顶、门、耳室等拱券的部位，以陶片或楔形的砖券起。第二种方法是先挖出墓道，再顺墓道的方向在地下依墓室大小挖出拱形土洞，用砖砌出墓室，先后室，最后至墓门和照墙。土洞墓则在地下掘出墓室和斜坡墓道，将墓壁平整后再涂白垩绘画，民乐八卦营壁画墓即是此种作法。①

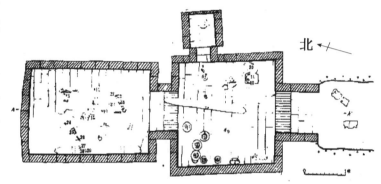

图 2-4　墓室平面图 酒泉西沟村魏晋墓 M7 魏晋
（采自《甘肃酒泉西沟村魏晋墓发掘报告》，《文物》1996 年第 7 期）

酒泉西沟村 M5 号魏晋墓为砖砌的三室墓，墓门的两侧壁用长条砖错缝平砌，顶部纵立券拱 7 层，其上砌筑阙式照墙。酒泉西沟村 M7 号魏晋墓为双室墓（图 2-4）。嘉峪关新城 M1、M3、M4、M5、M6、M7、M12、M13 号墓，多为双室墓和三室墓，形制、结构大体相同，双室墓由砖券墓门、前室、左右耳室、过道门、后室

---

① 施爱民：《民乐八卦营魏晋壁画墓》，《甘肃省博物馆学术论文集》，三秦出版社，2006 年，第 36 页。

组成。

2. 壁画形制

(1) 彩绘砖

彩绘砖墓是这一时期流行的壁画形制，遗存丰富。嘉峪关新城 M12 号彩绘砖墓、嘉峪关新城 M13 号彩绘砖墓为前后两室墓，前室都是穹窿顶，并设有"庭堂"；后室为拱形小砖券顶。彩绘砖主要分布在前室四壁和后室四壁上。两墓共有彩绘砖 108 块，一砖一画。M13 的彩绘砖为 54 块，其分布位置与 M12 基本相同，仅 M13 西壁无彩绘"阁门"，而东壁上设一双扇对缝"阁门"。酒泉西沟村 M5 号魏晋墓，彩绘砖具有鲜明的地域特色。首先，这些彩绘砖大多勾赭色边框，一砖一画，少量题材绘在双砖或多砖上，每幅砖画都可以作为一幅独立的美术作品欣赏，有些还可以当成连环画观看；其次，其布局呈多层（四至五层）平行对称分布，两层之间还留有间隔，分布围绕于照壁和墓室四周。永昌县东四沟画砖墓，1957 年在永昌县双湾东四沟打井时发现一些墓室壁画砖，现尚存二块。砖面为方形，高 39.5 米、宽 37.5 米，以白垩作底，土红色框边，砖面中用土红色线横贯划分为二个画面，其用意是欲在方砖上保留两个长方形的砖样。西关河西装潢公司综合楼魏晋墓、辛家河南滩桥采石场墓，墓壁用平砖错缝叠砌为黑、白两色菱形图案，顶为拱券式。第一粮食仓库墓，墓壁用白、黑二色砖砌出菱形、燕形等图案。酒泉崔家湾南湾 1 号墓，墓门照墙上和前、中室皆有壁画砖，能辨认的画面计有 40 余块，题材以珍禽神兽为主，大致可分白虎、凤鸟、飞廉三种。白虎画在阁门上，为相向的一对，以土红为底色，形象雄健有力。凤鸟也为相向的一对，用笔飞动潇洒，生动地刻画了凤鸟展翅欲飞的姿态。飞廉为鹿首龙身，身上有翅。① 武威南滩赵家磨 M1 号墓的墓顶涂绘黑、白两色图案，顶部正中嵌条砖两块，用红、白、黑三色彩

---

① 张朋川：《河西出土的汉晋绘画简述》，《文物》1978 年第 5 期。

绘莲花藻井，色彩已大部分脱落，四壁砖上用黑、白色粉涂绘菱形、折带形和条带形的图案。① 武威臧家庄魏晋墓 M1、M2 亦为画像砖墓，M1 顶为斗形，中间砌出方形藻井，上绘莲花图案。前后室的壁面用灰、黑二色砖砌成菱形图案。M2 墓壁均用灰、黑两色砖砌成菱形图案。② 交警支队综合楼魏晋墓，墓室墙壁用黑、灰二色砖砌出菱形图案。昌兴房地产公司综合楼魏晋墓墓壁用黑、白二色砖相间砌出，从墓底起第 47 层砖上用红、白、黑色绘出凤鸟头形图案，绕墓壁四周，绘于每块砖的侧面。前室西壁、后室墓门上方左右两侧绘有似人非人、似兽非兽面形图案两个，其上部几层砖上绘有勾曲纹图案。西壁第七层砖左右两端砖的侧面绘有凤鸟形图案。③ 嘉峪关市牌坊梁壁画砖墓，前、后室中都绘有壁画，画面用色有黑、土红、浅灰、浅石绿等色。酒泉西沟村 M4 号魏晋墓的彩绘砖共计 61 块，前室有彩绘砖 43 块，主要内容是富有田园生活气息的穹庐帐、采桑、园林、飞鸟以及农耕、畜牧、生产、生活、劳动等场面，内容丰富多彩，后室彩绘砖 18 块，绘画突出的是墓主人通常在内室里的用品，有奁盒、丝束、绢帛等。彩绘砖墓还有新青年巷魏晋墓、武威师范学校魏晋墓、高台县骆驼城土墩墓群 M2 号墓等。

(2) 彩绘壁画

甘肃省高台县罗城乡河西村地埂坡墓地 1、2、3、4、6 号墓墓葬壁画整壁绘制，与河西常见的一砖一画的形式不同。高台县骆驼城苦水口 2 号墓，壁画绘于前室及后室后壁，照墙壁画情况不详，前室壁画内容为狩猎、宴饮、庖厨、博弈、耕种等，后室壁画内容主要为丝帛、箱、兵器等。骆驼城壁画墓，壁画绘于三室当中，因大多数画砖被盗，故画像砖所在的壁面位置难以恢复。从其发掘报告大体可知，前、中室的壁画内容为伏羲、女娲、东王公、西王母、牛耕、放牧、牛车、宴饮、庖厨、山石、云气等；

---

① 钟长发：《甘肃武威南滩魏晋墓》，《文物》1987 年第 9 期。
② 梁晓英、朱安：《浅析武威魏晋时期墓葬的特点》，《陇右文博》2005 年第 2 期。
③ 梁晓英、朱安：《浅析武威魏晋时期墓葬的特点》，《陇右文博》2005 年第 2 期。

图 2-5　藻井图 酒泉丁家闸 5 号墓 十六国
（采自徐光冀主编《中国出土壁画全集 9》，
科学出版社 2012 年）

后室壁画从简报所附图片可以看到尚存有几块，主要内容为丝束、丝帛、衣架等。敦煌祁家湾 M310 号墓，绘墓主夫妇宴饮以及庖厨图像，墓主手持麈尾。敦煌祁家湾 M369 号墓，绘有《夫妇对坐宴饮图》。民乐八卦营 M1、M2、M3 前室四壁均有绘画，M2 前室顶部和侧壁绘云气、青龙、三人首兽、日、月等图像。壁画以白垩为底，墨线起稿，石青及土红平涂着色。M1 墓室壁面修整平整后涂白垩，其上绘画，三个墓室内均有绘画。管家坡 3 号墓，墓室顶部和四壁以墨和白两色涂绘菱形、折线和条带图案。酒泉丁家闸 5 号墓绘《藻井图》（图 2-5），位于前室顶部中央的藻井处。壁画是在墓壁先抹一层草拌泥层后，再涂一层细黄土泥皮，于其上绘画，井心绘覆瓣莲花图案。[①]

三、题材类型

甘肃地区魏晋南北朝时期墓葬壁画不仅数量多，绘制精美，内容也十分丰富。从表现现实生活的各类图像如耕作放牧、居家宴饮、坞堡营屯等，到表现宗教思想的图像如佛道神祇、神禽异兽等，乃至于带有鲜明地域和时代特色的装饰纹样等，折射出当地先民物质世界和精神世界的方方面面。

---

① 徐光冀：《中国出土壁画全集 9》，科学出版社，2012 年，第 146 页。

1. 现实生活类

敦煌地区墓室壁画题材以照墙上的祥瑞、天门、力士为主，在墓室内有表现宴饮、农耕、收获等生活场景的图像，不仅数量多、绘制精美，内容也十分丰富，如表现墓主人宴饮题材的《墓主人与侍女图》(图2-6)。与早期壁画内容相比，图像变得简略，新出现的图像为牛车以及庖厨等。出行图与宴饮图则是长期流行于酒泉地区的墓室壁画题材，出现的频率较高，继承了汉墓壁画、画像石的特点，但较之更富有表现力和灵动性。

出行图

嘉峪关新城 M3 号墓中的《出行图》(图 2-7)，分布于前室的三个壁面之上。画面以全景式的构图来表现墓主人军屯生活，应为这一时期出行图的代表。图中人物极为简略，人数众多，显得密集。

嘉峪关新城 M5 号墓中的出行图，虽没有嘉峪关 M3 号墓中的场景宏大，图幅明显缩小，但同样采用了全景式的构图形式，来表现出行队伍的完整。因

图 2-6　墓主人与侍女图　甘肃高台骆驼城苦水口 1 号墓　魏晋
（采自俄军、郑炳林、高国祥《甘肃出土魏晋唐墓壁画》，兰州大学出版社 2009 年）

图 2-7　出行图　嘉峪关新城 3 号墓　魏晋
（采自徐光冀主编《中国出土壁画全集 9》，科学出版社 2012 年）

此，出行图所占墓壁面面积较大。同时，在出行图所在的壁面的上下左右位置，还穿插安排了其他的图像内容，这些内容则全为小幅画像。由此可见，全景式的出行图为这一时期的主要特点，其努力保持完整性的做法也从另一个侧面反映了出行图在墓葬图像中的重要地位。

另一类是多画面连续构成一幅完整而场面宏大的出行图。与大块面上绘制的整幅出行图不同，该类出行图画面受砖画大小的制约，由多个砖画组成连续的出行队伍，通常由二至三人组成一个画面，每个画面表现出行队伍的一部分，各画面组合成完整的出行队伍，可称为多画面连续式出行图，以等距离平视的视角来表现出行队伍。

嘉峪关新城 6 号墓出行图共 5 幅，均位于中室西壁上层。另外，在该墓北壁和南壁还各绘一幅图，表示出行队伍的头尾，因此，整个《出行图》由 7 幅图像组成，均为小幅砖画，一块砖上画一部分，再组合成完整的出行图，有导骑、从骑、牛车、捧剑、持笏的官吏等（图 2-8、图 2-9）。

队伍中有篷车一辆，拉车的牛双角上翘，牛鼻上穿有鼻环，正抬头扬蹄缓步前行，牛旁一车夫，头戴尖顶帕巾，车夫半身为牛所挡，但可见其身穿交领衫，抬左手牵牛绳。篷车车顶部有卷篷，未画车内人物，但从其位置来看，应为墓主人（图 2-10）。

队伍中还有二骑吏，应为出行队伍中的仪卫，他们一前一后，均头戴赤色平帻，身穿交领衫，一手执缰绳，一手挥舞马鞭。马的外形神骏，装辔头和鞍桥障泥，但不见马镫。马为小首粗脖，身体颀长，后腿粗壮，前马为白色，后马为淡黄色，均作扬蹄缓趋之状（图 2-11）。

队伍中的另外二骑吏与之稍有不同，也是一前一后，二人均左手执缰绳，右手扬鞭，二马也均作扬蹄前趋状。该二骑吏中，前一人戴红色平帻，身穿淡红色交领衫，骑枣红色马，后一人戴黑色平帻，穿黑色交领衫，骑白色马。骑吏的服饰与马的颜色和谐搭配，前后则对比强烈（图 2-12）。

第二章 兴盛期的墓室壁画

图 2-8 出行图一 嘉峪关新城 6 号墓 魏晋
（采自徐光冀主编《中国出土壁画全集 9》，科学出版社 2012 年）

图 2-9 出行图二 嘉峪关新城 6 号墓 魏晋
（采自俄军、郑炳林、高国祥《甘肃出土魏晋唐墓壁画》，兰州大学出版社 2009 年）

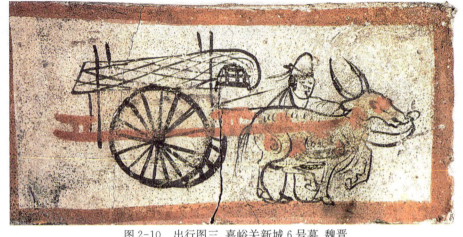

图 2-10 出行图三 嘉峪关新城 6 号墓 魏晋
(采自胡之编选《甘肃嘉峪关魏晋六号彩绘砖》,重庆出版社 2000 年)

图 2-11 出行图四 嘉峪关新城 6 号墓 魏晋
(采自俄军、郑炳林、高国祥《甘肃出土魏晋唐墓壁画》,兰州大学出版社 2009 年)

两位持笏的小吏走在出行队伍的最前面，二人均头戴黑色介帻，身着交领长袍，双手于胸前捧笏，神态恭谨，正躬身前行，此为出行图的首部（图2-13）。另有一骑吏头戴赤帻，马上持鞭，此图为出行队伍的尾部（图2-14）。

与上述嘉峪关新城6号墓出行图类似的还有嘉峪关新城7号墓《出行图》。该《出行图》共由7幅图组成，图2-15为其中之一，表现的是出行队伍中的仪卫部分。画面中三位骑吏头戴尖顶头盔，身穿圆领褶衣，左手按辔，右手持矛，矛头饰有长穗。马背上垂下长长的障泥，但不见马镫。三人整齐列队前行，显示墓主人的威仪。

又如高台县骆驼城苦水口M1号墓，前室三个壁面绘了出行图像，二骑吏在一砖组成单个画面，若干块彩绘砖连续形成长长的出行队伍。因此，这

图 2-12　出行图五　嘉峪关新城6号墓　魏晋
（采自俄军、郑炳林、高国祥《甘肃出土魏晋唐墓壁画》，
兰州大学出版社2009年）

图 2-13　出行图六　嘉峪关新城6号墓　魏晋
（采自俄军、郑炳林、高国祥《甘肃出土魏晋唐墓壁画》，
兰州大学出版社2009年）

图 2-14　出行图七　嘉峪关新城 6 号墓　魏晋
(采自俄军、郑炳林、高国祥《甘肃出土魏晋唐墓壁画》,
兰州大学出版社 2009 年)

图 2-15　出行图　嘉峪关新城 7 号墓　魏晋
(采自胡之编选《甘肃嘉峪关魏晋七号彩绘砖》,
重庆出版社 2000 年)

一阶段的出行图,是大幅式和小幅式壁画并行的时期。从出行图的变化可以看出,小幅出行图是由大幅发展而来的。①

酒泉市果园乡高闸沟村魏晋墓《出行图》共由 6 幅画面组成,图 2-16 为其中之一。画面中绘有四人骑马前行,马为二黑二白,四人均着灰色交领褶衣,下着白色袴。前二人着进贤冠,后二人戴介帻,以此来区别行人物身份的不同。

酒泉丁家闸 5 号墓《出行图》位于墓葬前室西壁下层的北端,是在墓壁先抹一层细黄土泥皮,再于其上绘画。画面是由侍女和牛车组成的女墓主出行图。共绘了四辆车,每车均有拉车的车夫和随行侍女,在最前端有一位女性导从,中间还有一位侍女身形较为高大,应为身份较高的侍女。

---

① 嘉峪关市文物管理所:《嘉峪关新城十二、十三号画像砖墓发掘简报》,《文物》1982 年第 8 期。

此图体现了女墓主的身份和地位。

酒泉丁家闸5号墓《通幰车》（图2-17）位于墓葬前室北壁中层。《晋书·舆服志》载："通幰车，驾牛，犹如今犊车制，但举其幰通覆车上也。诸王三公并乘之。"通幰车两辕中部各有一根垂直向下的支柱，以便停车时支撑于地保持车身平衡。车舆前有踏脚，两侧有栏板，板上架卷棚。棚顶弧形，棚外用六根撑杆支起通幰。车前有一人持鞭站立，车后有一牛闲卧。

敦煌佛爷庙湾西晋画像砖墓M37号《牛车图》（图2-18），应是表现出行队伍尚未出发或者归来后的情景。画面中为一牛车，牛车车轮高大，双直辕，辕头部位散放着一件弓形牛轭，车厢上无顶篷，车旁卧一牛，抬头张口，似正在喘息。

墓主人像

本地区魏晋墓室壁画继承了中原地区两汉墓室壁画传统，墓主人形象在墓葬中为数甚多。

图2-16 出行图 酒泉市果园乡高闸沟村魏晋墓 魏晋
（采自徐光冀主编《中国出土壁画全集9》，科学出版社2012年）

图2-17 通幰车 酒泉丁家闸5号墓 十六国
（采自俄军、郑炳林、高国祥《甘肃出土魏晋唐墓壁画》，兰州大学出版社2009年）

图 2-18　牛车图　敦煌佛爷庙湾西晋画像砖墓 M37　西晋
（采自马建华《甘肃敦煌佛爷庙湾魏晋墓彩绘砖》，重庆出版社 2000 年）

图 2-19　墓主人像　酒泉市果园乡高闸沟村魏晋墓　魏晋
（采自徐光冀主编《中国出土壁画全集9》，科学出版社 2012 年）

酒泉市果园乡高闸沟村魏晋墓《墓主人像》（图 2-19），画面顶部绘出帷帐，帷帐下中央绘墓主人坐于大榻上，头戴二梁进贤冠，身着交领袍服，博衣广袖，双手拱起，笼在袖中，正面而坐，侧头倾听，颇具威仪。墓主左侧立仆人，右侧跪着双手持笏的奏事者，均面向墓主人。

在另一块彩绘砖上则表现了宾客晋谒墓主人的情景，画面顶部绘出帷帐，帷帐下画面左侧绘两位着进贤冠的人物匍匐在地，手持笏，其身后站立着襜衣的男子，头戴赤帻，右手举棍状物。

第三块彩绘砖表现的是墓主人、宾客在座的场景，画面中的帷帐下绘两位席地而坐的男子，头戴进贤冠，头向右侧，画面右半部绘一站立男子。

甘肃省高台县骆驼城壁画墓《墓主人像》（图 2-20）位于墓葬前室，画面中的人物一坐一立，坐着的为墓主人，面阔颊丰，头戴山形冠，侧身席地跽坐，双手拱于袖中，身形高大。旁边立着仆人，头顶束发，不戴巾帻，身穿红色交领长袍，身形较小，双手拱于袖中，面向墓主人神情恭谨，似在倾听。

酒泉丁家闸5号墓《墓主人像》（图2-21）位于墓葬前室西壁中层的北端，画面上为一大厅，屋顶覆瓦，屋檐下有类似垂幔的饰物，厅内有矮榻。墓主人头着三梁进贤冠，身着交领袍服，手持麈尾，凭几坐于榻上，头顶上有华盖，于厅内观赏乐舞。身后立男女二侍者，男侍戴小冠，捧盒而立；女侍梳高髻着短衣，手持曲柄华盖。厅前方有一排小树作为装饰。

宴饮图

宴饮图是汉代墓葬壁画中最为常见的题材之一，用于表现墓主人和宾客或者墓主人夫妇居家宴饮的场景。有学者认为这和汉

图2-20　墓主人像　甘肃省高台县骆驼城壁画墓　魏晋
（采自徐光冀主编《中国出土壁画全集9》，科学出版社2012年）

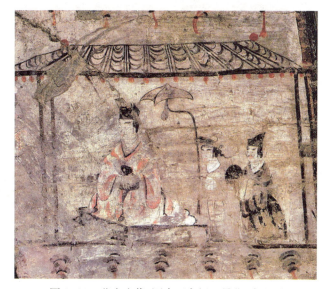

图2-21　墓主人像　酒泉丁家闸5号墓　十六国
（采自静安编《甘肃丁家闸十六国墓壁画》，重庆出版社1999年）

代礼仪制度甚至国家宗教有关。① 中原地区的宴饮图墓葬壁画到魏晋时期大为减少,但在河西地区却依然流行。

这一时期河西地区的宴饮图墓葬壁画,根据其构图特点,可分两种形式:一种为横列式,即在单个砖面上集中表现宴饮场景的形式。画面以一条底线为基准等距离平列安置宴饮人物和其他附属器物,视角以等距离平视为主。

以嘉峪关 M1《宴乐图》(图 2-22)为例,画面中四个听乐男子坐于帷帐内,左起第一和第三人带帢巾,第二和第四人带角巾,皆穿长袍,坐一张大榻之上,榻前置酒具。对面为二乐师,一乐师吹箫,一乐师弹琵琶。② 画面中人物、器具均横向平列,可以明确看到从左至右一字排开的横列构图特点,因砖面过小,加之人物和器具集中于一条横列的基线上,故画面拥挤,人物比例也不均匀。

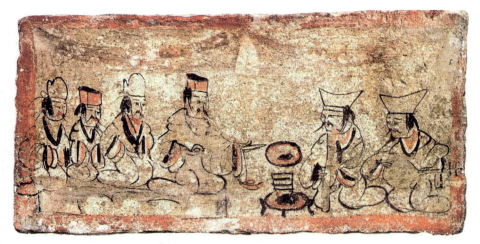

图 2-22　宴乐图　嘉峪关新城 1 号墓　三国·魏
(采自胡之编选《甘肃嘉峪关魏晋一号彩绘砖》,重庆出版社 2000 年)

---

① 汪小洋:《汉墓壁画中的宗教信仰与图像表现》,上海古籍出版社,2012 年,第 97 页。
② 甘肃省文物工作队等:《嘉峪关壁画墓发掘报告》,文物出版社,1985 年,第 67 页。

图 2-23　宴乐图　嘉峪关新城 1 号墓　三国·魏
（采自胡之编选《甘肃嘉峪关魏晋一号彩绘砖》，重庆出版社 2000 年）

嘉峪关新城 1 号墓中有一幅构图与之类似的彩绘砖上《宴乐图》（图 2-23），也是表现宴乐场景，画面中三个男子均头戴介帻，身穿交领长袍，蓄须，并排跽坐于一张大榻上，对面有一名乐师跽坐于地，双膝上放置一琴，正在演奏。男子和乐师之间的地上放着漆盘、酒瓮等物。

嘉峪关 M1 号墓的两幅妇女宴饮图也是如此。第一幅《妇女宴饮图》中，穹庐顶的帷帐内女墓主坐于大榻之上，身边立一侍女，帷帐外两侧各立一婢，对面一妇女手持扇坐于榻上，身后一侍女，双方中间置酒具，这幅画面中绘有 6 人。第二幅《宴饮图》在前幅的左侧，画面左部为一张大榻，上坐四人，大榻左右分立一手持物的女婢，右半部分一张榻上坐二人，中间置酒具，这幅画面中共排布了 8 人。

嘉峪关新城 1 号墓《墓主人宴饮图》（图 2-24）中，墓主人头戴介帻，手持便面跽坐于方榻上，榻边放置一"黑漆其外，朱漆于内"的漆盘，盘中放着一双筷箸，墓主人两旁分别有红色榜题"段清""幼絮",一般认为"段清"为墓主人名,"幼絮"为他的字。墓主人对面一男仆头裹巾帻,身穿交领褶衣,双腿裸露,赤足,手持烤肉串递给墓主人。①

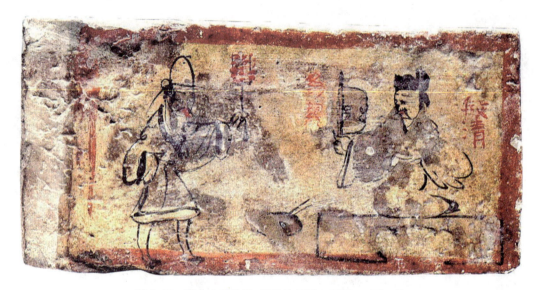

图2-24 墓主人宴饮图 嘉峪关新城1号墓 三国·魏
(采自胡之编选《甘肃嘉峪关魏晋一号彩绘砖》,重庆出版社2000年)

这种横列的构图形式应为较早的形式,有着早期壁画的绘画特点。

另一种为环列式宴饮图,表现宴饮场景的视角有所变化,是俯视角度结合等距离平视形成的画面。这种视角下的宴饮场景,构图将酒具的位置安排在单个砖面的中心,人物均等距离散列在其周围,与前述以底线为基准的构图有很大的不同,意在表现出物象之间的位置关系。人物环列酒具而坐,画面平衡感增强,物像的位置变得疏朗,更容易

---

① 甘肃省文物工作队等:《嘉峪关壁画墓发掘报告》,文物出版社,1985年,第97页"附表二"。

安排更多的人物，使宴饮场面变得更为热烈。

嘉峪关新城7号墓的《宴饮图》（图2-25）颇为别致。画面中一男子和两位女子相对而坐，女子头梳环髻，身穿宽大的交领长袍，领口、袖口等处镶红边，跽坐于地；男子头戴类似进贤冠的折顶冠帽，身穿交领长袍，袖口、领口等处镶红边。男子和两女子之间的地上放置一盛盘，盛盘内置一大酒樽，樽上有一曲柄勺，远处有一圆形食具，应为漆盘或耳杯。

嘉峪关新城7号墓的另一幅《宴饮图》（图2-26），无论构图还是人物造型，都与前一幅宴饮图相似。图中男女墓主人相对而坐，女墓主人高髻，着交领衫，下着裙；男墓主人头戴便帽，着交领袍服，二人中间置一盛盘，盘内盛放一大酒樽，樽上有一曲柄勺，远处放有一只耳杯。

类似构图的宴饮画面在高台

图2-25　宴饮图　嘉峪关新城7号墓　魏晋
（采自胡之编选《甘肃嘉峪关魏晋七号彩绘砖》，重庆出版社2000年）

图2-26　宴饮图　嘉峪关新城7号墓　魏晋
（采自胡之编选《甘肃嘉峪关魏晋七号彩绘砖》，重庆出版社2000年）

苦水口 M1、M2 号墓，高台许三湾东南墓中也可以见到，苦水口 M1 号墓画面中的人物多达 9 个，人物有坐有立，均以酒具为中心环列而坐。许三湾东南墓与此相同，并且人物之间配合动作和身体大小比例来表现身份，其内涵更为丰富。

　　由宴饮图的构图形式变化可以得知，环列式由横列式演变而来，并又有一定的发展和变化。在这期间，宴饮图具有两种构图形式并存的特点。① 甘肃省高台县许三湾墓群 3 号墓《宴乐人物图》（图 2-27）画面上方绘帷帐，其下有两位妇女席地同向而坐，身边置耳杯，为宴乐的场景。此图以宽线条绘出轮廓，尤其是帷帐的画法别具一格，与河西地区常见的魏晋壁画以细线条为主的造型不同，反映出当时河西地区墓室壁画的多样风格。

图 2-27　宴乐人物图　甘肃高台县许三湾墓群 M3　魏晋
（采自徐光冀主编《中国出土壁画全集9》，科学出版社 2012 年）

---

① 嘉峪关市文物管理所：《嘉峪关新城十二、十三号画像砖墓发掘简报》，《文物》1982 年第 8 期。

嘉峪关新城6号墓男墓主《宴饮图》（图2-28）位于中室西壁，与女墓主宴饮图相对。画面中男墓主人居中，头戴平帻，身穿交领衬衣和长袍，束腰，跽坐于地，面前放着漆盘、耳杯等物，漆盘内有若干类似肉丁的食物，并有一双筷箸放在漆盘上。墓主人正伸手接仆人递过来的烤肉串，对面的仆人头戴帢巾，身穿交领褶衣，下着袴，手中拿着一根三叉铁扦，上面串着烤肉。

图2-28　宴饮图　嘉峪关新城6号墓　西晋
（采自甘肃省文物工作队等《嘉峪关壁画墓发掘报告》，文物出版社1985年）

嘉峪关市牌坊梁壁画砖墓，前室左壁第一层为一块画砖，画女主人宴饮，主宾相对而坐，女主人身旁有二侍女随坐，主客人之间放置盛酒器具。

甘肃省高台县骆驼城壁画墓《宴饮图》（图2-29）中二女子头梳高髻，发髻间横插簪饰，左边一人身穿白色长袍，领口、袖口饰赭红色边，右边一人身穿赭红色长袍，两人均侧身席地跽坐，拱手相对，两人中间置漆盘、酒樽、曲柄勺等酒具，为家居宴饮场景。

甘肃省高台县骆驼城苦水口1号墓《宴饮图》位于墓葬前室，画面正中为一四足盛盘，盛盘中置一酒樽，几位女子环列酒瓮而坐，在酒瓮的前方有一乐伎抬手扭腰，正在跳舞，另一乐伎跽坐于地，手弹阮咸，仆人立于酒瓮下方，正在伸手为主人取酒。

酒泉市果园乡高闸沟村魏晋墓《宴饮图》（图2-30）表现女墓主宴饮情形，女墓主坐于帷帐内，两女子均梳高髻，着交领襦服相对而坐，中间放着一四足盛盘，盛盘上置一红色漆绘樽，盘足旁分别放置一只耳杯，似在边饮酒边闲话。

图 2-29　宴饮图 甘肃省高台县骆驼城壁画墓　魏晋
（采自俄军、郑炳林、高国祥《甘肃出土魏晋唐墓壁画》，兰州大学出版社 2009 年）

图 2-30　宴饮图 酒泉市果园乡高闸沟村魏晋墓　魏晋
（采自徐光冀主编《中国出土壁画全集 9》，科学出版社 2012 年）

甘肃省高台县罗城乡河西村地埂坡墓地4号墓《宴饮图》位于墓葬前室北壁，画面右部分绘有二男子相对而坐，左边一人头戴双岐帽，着交领长袍，跽坐于地，手中端着漆耳杯，耳杯外黑内朱，似在敬酒；右边一人头戴变形进贤冠，上着交领袍服，拱手于袖中，似在表示谦让或感谢。两人中间的地上置一酒樽，樽口摆着一只曲柄勺。从衣饰看应为汉人。

庖厨图

甘肃地区魏晋墓葬继承了两汉以来墓葬中大量描绘庖厨场景的传统。这一时期反映庖厨的彩绘砖不仅数量多，而且刻画细致，反映了庖厨各个不同的侧面。

如嘉峪关新城1号墓《庖厨图》（图2-31）刻画的是侍女在厨房内准备餐食的情景，位于墓葬前室东壁，画面中二侍女头梳环髻，身穿圆领长衫跪在地上，一位在酒瓮前，似在取酒；一位在三足镬前烹煮肉食。不远处有木案，木案上成层叠放着做好的食物，厨房墙上挂着两片猪肉。

嘉峪关新城1号墓内另一幅《庖厨图》（图2-32）则为一男一女二奴婢。画面右边一男仆头戴平帻，左手持刀在长俎上切肉。俎下一盘，盘中有不少已经切好的肉块。画面左边一侍女正在大水瓮旁，手拿宰杀好的鸡在水瓮中清洗。远处的地上有

图 2-31　庖厨图　嘉峪关新城1号墓　三国·魏
（采自胡之编选《甘肃嘉峪关魏晋一号彩绘砖》，重庆出版社2000年）

图 2-32　庖厨图　嘉峪关新城 1 号墓　三国·魏
（采自胡之编选《甘肃嘉峪关魏晋一号彩绘砖》，重庆出版社 2000 年）

图 2-33　庖厨图　嘉峪关新城 6 号墓　魏晋
（采自胡之编选《甘肃嘉峪关魏晋六号彩绘砖》，重庆出版社 2000 年）

两盘已经切好的肉块，墙上悬挂着条状肉块。

嘉峪关新城 6 号墓《庖厨图》（图 2-33）表现的是炊煮场景。画面中一位女子在灶前烧水做饭。灶为单眼灶，灶上置一大瓮，瓮内有待烹饪的食物。侍女在灶前身体跪直，正往灶内添柴，灶火很旺，有火苗从灶内窜出。侍女身后置一大瓮，左上方为悬着的厨具，有盘、长几等物。

嘉峪关新城 7 号墓《庖厨图》（图 2-34），画面中二侍女相对跽坐于地上，二人均头梳高髻，身穿交领束腰长衫，二人中间置小长几，几上放着杯盏，一女手持叉，在准备进食用具。

嘉峪关新城 7 号墓中的《庖厨图》（图 2-35）所制作的食物与别处不一样。画面中一侍女正忙于炊事，她头梳环髻，身穿交领长衫，跪坐于地。侍女面前置锅，锅为扁平状，锅底有三足，锅底火正旺。侍女双手中持一物似用手抻出的薄面饼，可能预备在平底锅上摊烘。

嘉峪关新城12号墓前室南壁上有《炊事图》（图2-36），画面中一侍女梳髻系束发帛带，穿交领长衫，跪坐于地上，左手执一长棒，似要拨灶膛内的火，灶膛内有火苗窜出，灶台上放着一只大瓮，内有炊煮的食物。侍女身后也放着同样的大瓮。

嘉峪关新城6号墓有两幅表现仆人在厨房准备肉食的图像。一幅《切肉图》（图2-37）画面中一男子头戴帢巾，身穿交领衫，坐于长俎后，袖子卷至肘部，双手交叉置于俎板上正在切肉，俎下的盘中装满切好的肉块，旁边另有一盆，盆里肉块堆积如山，画面右上方用铁钩钩挂多块条状牲肉。

另一幅《切肉图》（图2-38）

图2-34　庖厨图　嘉峪关新城7号墓　魏晋
（采自俄军、郑炳林、高国祥《甘肃出土魏晋唐墓壁画》，兰州大学出版社2009年）

图2-35　庖厨图　嘉峪关新城7号墓　魏晋
（采自俄军、郑炳林、高国祥《甘肃出土魏晋唐墓壁画》，兰州大学出版社2009年）

图 2-36　炊事图　嘉峪关新城 12 号墓　魏晋
（采自徐光冀主编《中国出土壁画全集 9》，科学出版社 2012 年）

图 2-37　切肉图　嘉峪关新城 6 号墓　魏晋
（采自胡之编选《甘肃嘉峪关魏晋六号彩绘砖》，重庆出版社 2000 年）

画面中一男子头戴平帻,身穿交领衫,正在俎上切肉,肉块纷纷落下,右侧一位侍女正在帮忙,左侧垒放着整齐的长几和盆,案上放着切好的肉块。

第二层共二块画砖,一块为《切肉烤肉图》,绘一男在案上切肉,旁有一童手持长柄铁叉,上串肉块,一女持铁叉在釜中烤肉。另一块绘烹调场面,一女持勺在案上罐中盛取调料。第三层共三块画砖,一为炊厨,一女在灶下烧火,一女在缸中操作炊事;一为揉面做食,一女在缸中揉面,一女在圆案前做面食;还有一画内容亦为厨事,墙上挂着肉条,一女将食物放在案上。①

图 2-38　切肉图　嘉峪关新城 6 号墓　魏晋
(采自俄军、郑炳林、高国祥《甘肃出土魏晋唐墓壁画》,兰州大学出版社 2009 年)

博戏

甘肃省高台县罗城乡河西村地埂坡墓地 4 号墓《六博图》(图 2-39)位于墓葬前室北壁,画面可分左右两部分,左部绘二男子相对而坐,下半部分漫漶不清,但从两人姿态上看应是在博弈。二人均头戴尖顶帢帽,头发短而卷曲,直鼻大眼,胡须浓重,着圆领长衫。从相貌及服饰上判断,这二人应为客居于河西的西域胡人。

嘉峪关新城 7 号墓《六博图》(图 2-40)位于中室东壁,画面中二男子相对而坐,

---

① 张朋川:《河西出土的汉晋绘画简述》,《文物》1978 年第 5 期。

图 2-39 六博图 甘肃省高台县罗城乡河西村地埂坡墓地 4 号墓 魏晋
（采自徐光冀主编《中国出土壁画全集 9》，科学出版社 2012 年）

左边男子头戴类似进贤冠的折顶帽，身穿圆领长袍，跽坐于地，双手向上举起，手指张开，正在投箸，两只刻纹箸正由空中落下。右边一人头戴便帽，身穿红色交领长袍，跽坐于地，左手高举，右手向前平伸。两人中间放置一矮脚小案，案上左右各放着一尊。从画面内容分析，此二人应该是在做一种类似投壶的博戏。①

母子图

甘肃地区魏晋墓中常见《母子图》，类似的画面在其他地区墓葬壁画中极为少见，可能是本地流行的图式，或者与当地特殊的风俗有关。

如嘉峪关新城 7 号墓《母子图》（图 2-41），位于前室东壁。画面中一位母亲一手抱着年幼的

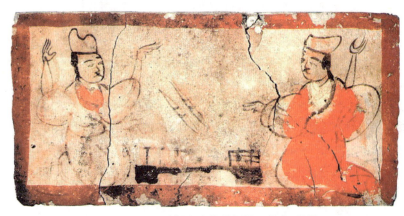

图 2-40 六博图 嘉峪关新城 7 号墓 魏晋
（采自俄军、郑炳林、高国祥《甘肃出土魏晋唐墓壁画》，兰州大学出版社 2009 年）

---

① 原报告称此图为《六博图》，不确定。参见甘肃省文物工作队等：《嘉峪关壁画墓发掘报告》，文物出版社，1985 年，第 107 页"附表二"。

孩子，一手向前伸出，神情落寞，幼儿则双手张开，似在送别。从画面内容来看，这对母子并非墓主人，但应和墓主人关系密切，可能系墓主人的妻子和孩子。

与新城 7 号墓母子图所表现的低落情绪不同的是，敦煌佛爷庙湾西晋画像砖墓 M37《母子嬉乐图》（图 2-42）表现的是母子嬉乐的场景。画面中一女子头梳髻，身穿棕黄色圆领长衫，跽坐于地，双手伸向面前的小孩，小孩上衫下袴，胯下骑坐一根长树枝，可能系古代流行的"骑竹马"游戏。

男女侍图

由于壁画墓的主人基本上都是大中地主或贵族，所以他们不忘在墓葬中绘制大量奴婢形象，作为在另一个世界里伺候自己之用。从墓葬壁画中可以看出，这些奴婢从事的工作包括担水、庖厨、洒扫等各种杂务。

如嘉峪关新城 1 号墓中有《二女汲水图》（图 2-43），该图位于墓葬前室东壁，画面中二侍女一前一后，抬着水瓮向井台走去。二人均头梳环髻，上结红色发饰，面上点妆。前一人身着红色交领短衣，下着长裙，后一人身穿白色交领短衣，下身穿白色长裙。二人抬着一副梯状的架子，架子上放着一只深腹广口的水瓮。二人的前面有一井台，井台上有井架，架上有辘轳。

图 2-41　母子图　嘉峪关新城 7 号墓　魏晋
（采自俄军、郑炳林、高国祥
《甘肃出土魏晋唐墓壁画》，
兰州大学出版社 2009 年）

图 2-42 母子嬉乐图 敦煌佛爷庙湾西晋画像砖墓 M37 西晋
(采自马建华《甘肃敦煌佛爷庙湾魏晋墓彩绘砖》，重庆出版社 2000 年)

图 2-43 二女汲水图 嘉峪关新城 1 号墓 三国·魏
(采自胡之编选《甘肃嘉峪关魏晋一号彩绘砖》，重庆出版社 2000 年)

再如敦煌佛爷庙湾西晋画像砖墓 M133《持帚男仆图》(图2-44)。画面中一男子头戴黑色尖顶帢巾，身穿白色高领衬衣和淡黄色交领衫，唇上颌下有髭须，双手前伸，执一把扫帚。

敦煌佛爷庙湾墓群《持帚图》。画面位于墓葬照墙的顶部，天门双阙的阙身。画面中的男仆头戴平帻，身穿黑色交领长袍，长袍下摆有毛边，下身着肥裤。男子浓眉大眼，髭须浓密，手中持帚直立，其身后绘有仿木结构的斗拱和柱图。

嘉峪关新城12号画像砖墓前室西壁第一行第六砖上的《提罐侍女图》(图2-45)绘一侍女，着交领短衣，下着裤，手提一罐，可能正在提水。该侍女头上未梳髻，长发披肩，发式与汉族妇女不同，应为河西地区的少数民族。

嘉峪关新城1号墓壁画中有捧盒、托盘、提壶的《侍女图》(图2-46)形象，动作优美逼真。画面中四位侍女均头梳环髻，发间插红色发饰，脸上有点彩妆，着长裙，衣饰华丽。四人并列而行，前三人手中捧樽，后一人一手执盘，一手持箸。

嘉峪关新城5号墓中室北壁也有《侍女图》(图2-47)。画面中三侍女均圆脸，妆眉浓重，梳环髻，一缕发垂于耳侧，身穿交领襦裙。前两人襦衫领口袖口处镶红边，灰黑色裙，后一人红色襦衫，白色裙，各捧罐、盆等器具面向左前行。

嘉峪关新城7号墓《炊煮侍女图》(图2-48)，二侍女头梳环髻，耳旁有一缕碎发垂下，身穿交领襦衫，袖子挽起，席地跪坐。二人前面的架子上放着食物，坐在前面的女

图 2-44 持帚男仆图 敦煌佛爷庙湾
西晋画像砖墓 M133 西晋
(采自徐光冀主编《中国出土壁画全集9》，科学出版社2012年)

图 2-45 提罐侍女图
嘉峪关新城 12 号墓 魏晋
(采自徐光冀主编《中国出土壁画全集 9》，科学出版社 2012 年)

图 2-46 侍女图 嘉峪关新城 1 号墓 三国·魏
(采自胡之编选《甘肃嘉峪关魏晋一号彩绘砖》，重庆出版社 2000 年)

子一手朝前伸向食物，一手向后拿着筷箸。坐在后面的女子伸出手，似乎正要帮忙。画面构图简单，但生动有趣。

牵马、牵驼图

甘肃省高台县骆驼城古墓区壁画墓《牵马图》（图2-49）。画面正中为一匹高头大马，马形体高大，体态矫健壮硕，马尾曳地，辔头鞍鞯齐备，但不见马镫。相比之下马夫体形较小，他头顶发髻，身穿交领褶衣，下着袴，一手拉马缰绳。在画面右上角还有一匹黑马。

甘肃省高台县骆驼城苦水口1号墓《饮马图》（图2-50）。画面中部为一头戴尖顶帢巾的男子，身穿交领长袍，束腰。其左边为一井台，井台上有井架，架上有辘轳，男子正以手曳绳，从井中汲水。男子右边为一放在地上的大陶瓮，瓮中盛满水，一匹枣红色马正低头饮水。

图2-47　侍女图　嘉峪关新城5号墓　魏晋
（采自俄军、郑炳林、高国祥《甘肃出土魏晋唐墓壁画》，兰州大学出版社2009年）

图2-48　炊煮侍女图　嘉峪关新城7号墓　魏晋
（采自胡之编选《甘肃嘉峪关魏晋七号彩绘砖》，重庆出版社2000年）

图 2-49　牵马图　甘肃省高台县骆驼城古墓区壁画墓　魏晋
（采自俄军、郑炳林、高国祥《甘肃出土魏晋唐墓壁画》，兰州大学出版社 2009 年）

图 2-50　饮马图　甘肃省高台县骆驼城苦水口 1 号墓　魏晋
（采自徐光冀主编《中国出土壁画全集 9》，科学出版社 2012 年）

嘉峪关新城 5 号墓《骆驼图》，画面中绘一颗大树，树下一大一小两只骆驼，均为双峰驼，大骆驼正仰首吃树梢的嫩叶，小骆驼虽然也努力伸出脖子，但离树叶尚有一点距离，画面极富生活情趣。

嘉峪关新城 6 号墓《牵驼图》（图 2-51），一男子头戴尖顶帢巾，上身穿交领褶衣，束腰，下身着肥袴，左手持棒，右手牵驼，驼为双峰，体型高大健壮。

嘉峪关新城 1 号墓中有《井饮图》（图 2-52）彩绘砖。画面分成两栏，中间用赭红色宽线隔开。上栏绘一排树木，下栏中心为水井，井上有井架和辘轳，一男仆正在曳绳汲水，井两旁各有一供牲口饮水的水槽，两匹马和两头牛分立两边水槽旁饮水，远处有数只鸡盘桓，在井的右上方有朱书榜题"井饮"。

图 2-51 牵驼图 嘉峪关新城 6 号墓 魏晋
（采自胡之编选《甘肃嘉峪关魏晋六号彩绘砖》，重庆出版社 2000 年）

图 2-52 井饮图 嘉峪关新城 1 号墓 三国·魏
（采自胡之编选《甘肃嘉峪关魏晋一号彩绘砖》，重庆出版社 2000 年）

射鸟图

射鸟图在汉代墓葬壁画中非常常见,据邢义田先生研究,此类图式在汉代有"射爵射侯"的寓意。① 但是到了魏晋南北朝时期,其他地区均已不见此类图像,唯独河西地区尚存。

如甘肃省高台县骆驼城苦水口1号墓《树下射鸟图》(图2-53)。画面中绘一座高大的坞堡,坞堡的门对开,坞堡上有城堞和高大的望楼。坞外有一棵大树,树上立着两只鸟,一男子头戴平帻,身穿长袍,束腰,手持弓箭,于树下射鸟。

酒泉丁家闸5号墓中的《引鸟图》(图2-54)与高台县骆驼城苦水口1号墓有所不同。画面右侧为一坞堡,坞堡门前有棵大树,枝叶纷披,树上有若干黑色的鸟栖息,一男子立于树下,手持弓向树上的鸟射去。从树的形态来看,此树为桑树,所以拿弓箭者应为驱鸟以保护桑葚,因为当时桑葚是可以晒干作为食物的。

图2-53 树下射鸟图 甘肃省高台县骆驼城苦水口1号墓 魏晋
(采自徐光冀主编《中国出土壁画全集9》,科学出版社2012年)

图2-54 引鸟图 酒泉丁家闸5号墓 十六国
(采自俄军、郑炳林、高国祥《甘肃出土魏晋唐墓壁画》,兰州大学出版社2009年)

---

① 邢义田:《汉代画像中的"射爵射侯"图》,载《画为心声:汉代画像石画像砖》,中华书局,2011年。

乐舞图

乐舞图也是本地区魏晋南北朝时期墓葬壁画重要主题之一。

甘肃省高台县罗城乡河西村地埂坡墓地4号墓《乐舞图》（图2-55）位于墓葬前室东壁、墓门上部。画面分左右两部分，左部分绘一前一后二男子，前者为髡发，两边长发披散，着黑色褶衣，束腰，小腿似有裹腿，赤足，身背圆鼓；后者亦髡发，头戴红色便帽，帛带飘然，着红色短衣，小腿似有裹腿，赤足，手持鼓槌击鼓。右部绘二男子相对而舞，均为髡发，衣饰与击鼓者相同。此为宴乐内容，图中人物的衣饰特点与汉族不同，是居于河西的少数民族。

嘉峪关新城3号墓《奏乐图》（图2-56）位于前室西壁下部。画面中二男子戴平顶帻，穿交领窄袖长袍，袖口和领口饰边。两人相对而坐，左侧一人弹阮咸，右一人吹箫管，为宴饮奏乐。

图2-55 乐舞图 甘肃省高台县罗城乡河西村地埂坡墓地4号墓 魏晋
（采自徐光冀主编《中国出土壁画全集9》，科学出版社2012年）

图2-56 奏乐图 嘉峪关新城3号墓 魏晋
（采自胡之编选《甘肃嘉峪关魏晋三号彩绘砖》，重庆出版社2000年）

图 2-57　乐伎图　嘉峪关新城 6 号墓　魏晋
（采自胡之编选《甘肃嘉峪关魏晋六号彩绘砖》，重庆出版社 2000 年）

图 2-58　乐舞图　酒泉丁家闸 5 号墓　十六国
（采自静安编《甘肃丁家闸十六国墓壁画》，重庆出版社 1999 年）

嘉峪关新城 6 号墓《乐伎图》（图 2-57）造型与 3 号墓类似，画面中二男子头戴平顶帻，身穿交领窄袖长袍，束腰，阔面丰颐，唇上留髭。两人均席地而坐，左一位弹阮咸，右一位吹箫管。两人中间置一漆盘，盘中有食物和两双筷箸，漆盘旁边有耳杯。

酒泉丁家闸 5 号墓《乐舞图》（图 2-58），位于墓葬前室西壁中层的南端。画面中四乐伎正在表演，前面男乐伎头戴平顶小冠，正襟危坐正在弹琴。其身后的女伎在拨阮咸，第二位女伎在吹箫管，最后一位女伎在拍细腰鼓。三位女伎均头梳高髻，发饰精巧，身穿交领长衫，内着圆领衬衣。下方有女伎在表演乐舞。

耕作图

甘肃地区在魏晋时农业已经非常发达，故而在墓葬壁画中有大量与农业生产相关的图像，直观地反映了当地农业生产全过程。

酒泉市果园乡高闸沟村魏晋墓

绘有农耕图、放牧图、播种图。《农耕图》（图 2-59）画面中一农夫在赶牛耙地，牛为黑色犍牛，身躯高大健硕，肩部负轭，牛轭和耙用双绳或双杆连接，一男子正在驱牛耙地。

图 2-59　农耕图　酒泉市果园乡高闸沟村魏晋墓　魏晋
（采自徐光冀主编《中国出土壁画全集 9》，科学出版社 2012 年）

《播种图》绘母子二人在田地里撒种，画面中一女子头梳圆髻，身穿着交领长衫，束腰，下着袴，一手持钵，一手前伸张开，应在撒种子；女子身后为一孩童，短衣赤足，双臂伸展，紧随其后，身后有一颗繁茂的大树。

甘肃省高台县骆驼城土墩墓群 M2 号墓南壁与北壁相对，中部有画砖 4 块，分别编号为南壁 1 号、2 号、3 号、4 号。南壁 1 号砖《扬场图》中绘两人手持工具扬场，场中有数堆麦垛。农夫头戴帻，上穿交领衫，下着袴。南壁 2 号砖绘三牛拉轿车出行场面，车后紧随一人，手中持物，似为启。车身涂红色。南壁 3 号砖为《二牛犁地图》，二牛拉犁，一农夫扶犁。农夫头戴帻，上穿交领衫，下着袴。南壁 4 号砖为《二牛犁地图》，

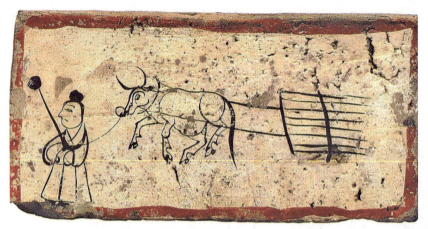

图 2-60 耱地图 甘肃省高台县骆驼城壁画墓 魏晋
（采自俄军、郑炳林、高国祥《甘肃出土魏晋唐墓壁画》，
兰州大学出版社 2009 年）

图 2-61 耙地图 嘉峪关新城 6 号墓 魏晋
（采自胡之编选《甘肃嘉峪关魏晋六号彩绘砖》，重庆出版社 2000 年）

二牛拉犁，一农夫扶犁。农夫身后另有一人，漫漶不清。①

酒泉西沟村 M4 号魏晋墓西壁第三层第三块为《耕犁图》，一头戴圆帽男子左手执鞭，右手扶犁驱牛犁地。第四层有壁画砖 4 块：第一块为一牛挽犁，一男子扶犁扬鞭犁地；第二块绘一农夫驱牛犁地至埂边，拉牛回犁；第三块绘一男子手持五尺叉扬场；第四块绘一男子正向坞壁走去，坞壁上有垛口。

甘肃省高台县骆驼城壁画墓《耱地图》（图 2-60），画面中一男子束发，着长衣，高鼻深目，手持长杆站立，身后一牛拉着空耱耱地，为"空曳耱"。

嘉峪关新城 6 号墓《耙地图》（图 2-61），画面中一男子披发，蹲于耙上，双手牵着缰绳，架一牛在耙地，周围绘有三棵粗壮的树。值得注意的是，

———
① 吴荭：《甘肃高台县骆驼城墓葬的发掘》，《考古》2003 年第 6 期。

该男子虽未髡首，但长发未束于头顶，而是向左右两侧分披，与汉族发式明显不同，应为居于河西地区的鲜卑人形象。

嘉峪关新城 12 号墓《犁地图》（图 2-62），画面中一男子束发，着短衣，下着袴，正在架牛扶犁耕地。

嘉峪关新城 13 号墓《耙地图》（图 2-63），画面中一男子蹲在耙上，驾牛耙地，牛高大壮实，双角尖长，穿鼻环，肩部似架着牛轭，耙为直辕，耙齿粗壮，男子左手执牛缰，右手举鞭策牛前行，地头绘有两棵树，男子身穿白色交领长袍，长发纷披于肩上，应为鲜卑人。

酒泉丁家闸 5 号墓《扬场图》（图 2-64），画面中一座坞前，有几堆三角形状的粮堆，一个男子头戴尖顶帢巾，身穿褶袴，束腰，双手扬起叉子在扬场，粮堆前绘出几只鸡，准备偷食谷堆上的粮食，画面右边一人

图 2-62　犁地图　嘉峪关新城 12 号墓　魏晋
（采自胡之编选《甘肃嘉峪关魏晋十二、十三号墓彩绘砖》，重庆出版社 2000 年）

图 2-63　耙地图　嘉峪关新城 13 号墓　魏晋
（采自胡之编选《甘肃嘉峪关魏晋十二、十三号墓彩绘砖》，重庆出版社 2000 年）

图 2-64 扬场图 酒泉丁家闸 5 号墓 十六国
（采自俄军、郑炳林、高国祥《甘肃出土
魏晋唐墓壁画》，兰州大学出版社 2009 年）

手举木棍，正在赶过来攆鸡，富有生活情趣。

酒泉西沟村 M4 号魏晋墓东壁第三层第三块绘一穿黑边左衽衫的男子，右手执鞭，驱牛犁地；第四块绘一穿红衣衫的男子驱牛耕地。北壁第一层有壁画砖 2 块：第一块两棵树下有一穹庐帐，第二块两棵树下的穹庐帐内坐一女子。第二层有壁画砖 2 块：第一块一男一女双双去农田撒播籽种，第二块为宰羊图。第三层有壁画砖 2 块：一为犁地，另一块为杀猪。第四层有壁画砖 2 块：第一块绘一高发髻男子驱牛犁地，第二块绘坞壁。①

甘肃省高台县罗城乡河西村地埂坡墓地 4 号墓《牛耕图》（图 2-65），画面中一男子束发穿短袷衣，下着裤，赤足，扶犁扬鞭在耕地，耕牛红色，颈项上套牛轭，以长直辕木与犁相接。男子身后紧随另一男子，一手持钵，一手扬起，正在播种。

嘉峪关新城 1 号墓中有一块彩绘砖《耕种图》（图 2-66）。② 该彩绘砖为前室西壁第五层第一块。画面中间用赭红色条纹分成上下两部分，上下各有两幅《牛耕图》。以上半幅为例，画面左侧为双牛抬杠拉一副直辕犁，一农人头裹巾帻，身穿交领褶衣，右手

---

① 俄军、郑炳林、高国祥：《甘肃出土魏晋唐墓壁画》，兰州大学出版社，2009 年，第 77 页。
② 张宝玺：《嘉峪关酒泉魏晋十六国墓壁画》，甘肃人民出版社，2001 年，图版一。

挽犁执绳，左手扬鞭；在他身后为一女子，头梳髻，身穿交领长袍，内着裤，左手端着一钵，右手向身前伸出作抛洒状，应为正在播种；女子身后为双牛抬杠拉一副直辕横耙，一农人头裹巾帻，身穿交领褶衣，右手执牛缰绳，一脚踏于横耙上，一脚踩于地上。彩绘砖下半部分内容基本与上半部分相同。砖的右上角有朱红色榜题"耕种"。

嘉峪关新城5号墓壁画中，有一幅扬场的画面：一农夫挥叉扬场，粮堆上有一小鸡，农夫身后亦有二鸡前来啄食。在5号、6号墓中，都有耙地的壁画：一农夫左手持鞭，右手揽着缰绳，立于用二牛抬杠牵引的一个耙上耙地。

图 2-65　牛耕图 甘肃省高台县罗城乡河西村地埂坡墓地4号墓 魏晋
（采自徐光冀主编《中国出土壁画全集9》，科学出版社 2012 年）

放牧图

酒泉市果园乡高闸沟村魏晋墓《放牧图》（图2-67），画面右侧绘一放牧者，身披大衣，下着裤，足着长靴，赶着一群羊。放牧者服饰与汉族不同，应是居于河西地区的少数民族。

嘉峪关新城12号墓画像砖东壁第一行第四至第六砖为《牧马图》（图2-68）。

甘肃省高台县骆驼城土墩墓群M2号墓，北壁中部绘制画砖4块，内容主要表现放牧场景。北1号砖内容为马群，画面中分布四匹马，墨线勾勒，其中一匹马身

图 2-66　耕种图 嘉峪关新城 1 号墓　魏晋
（采自张宝玺《嘉峪关酒泉魏晋十六国墓壁画》，甘肃人民美术出版社 2001 年）

图 2-67　放牧图 酒泉市果园乡高闸沟村魏晋墓　魏晋
（采自徐光冀主编《中国出土壁画全集 9》，科学出版社 2012 年）

图 2-68　牧马图　嘉峪关新城 12 号墓　魏晋
(采自胡之编选《甘肃嘉峪关魏晋十二、十三号墓彩绘砖》，重庆出版社 2000 年)

涂红色。北 2 号砖为《牧羊图》，牧人立于画面一侧，羊群中有的羊低头食草，有的羊似在配种。牧人束发，身着交领大衣，足穿靴。北 3 号砖为《牧驼图》，画面正中为一只骆驼，旁扎一帐篷。北 4 号砖也为马群，画面中以墨线勾勒出五匹马。

酒泉西沟村 M4 号魏晋墓，西壁第二层有壁画砖 3 块：第一块为马群；第二块为《放牧图》，一高发髻男子右手执鞭在后驱赶羊群；第三块为《双马食槽图》，画里有三棵树，中间树拴两匹马，右侧有一小马驹，树上有飞鸟。第三层有壁画砖 3 块：第一块为马群，绘有五匹马；第二块为四头牛；第三块为《耕犁图》。

东壁第一层有壁画砖 3 块：第一块绘两棵树下置一穹庐帐；第二块绘穹庐帐，帐内置一鼎；第三块绘两棵树下坐一女子梳妆打扮。第二层有壁画砖 4 块：第一块绘一屠夫右手持刀，左手拿罐，为屠宰准备；第二块为《椎牛图》；第三块绘一牛拉木轮棚车；第四块绘一驿使骑马前行，驿使无嘴，似守口如瓶。①

---

① 俄军、郑炳林、高国祥：《甘肃出土魏晋唐墓壁画》，兰州大学出版社，2009 年，第 77 页。

图 2-69　牧鹿图　甘肃省高台县骆驼城壁画墓　魏晋
（采自俄军、郑炳林、高国祥《甘肃出土魏晋唐墓壁画》，
兰州大学出版社 2009 年）

甘肃省高台县骆驼城壁画墓《牧鹿图》（图 2-69），画面中一群鹿或卧或立，在草丛中悠闲地吃草，右下角立着牧鹿人，手中持棍，束发。①

酒泉西沟村 M7 魏晋墓有《骑吏与鲜卑人女子图》（图 2-70），位于前室北壁第二层，一男子骑马飞驰，身旁有一女子正在路边行走，披长发，背着水罐，着及地长裙。从其披发及长裙特点看，与汉族妇女服饰完全不同，应为鲜卑人。

狩猎图

河西地区多山地草原，多野兽，故狩猎是一项重要的生产活动，反映当地人们狩猎生活的图像在墓葬壁画中很常见。

嘉峪关新城 5 号墓《狩猎图》（图 2-71），画面中猎手头戴平顶冠，身穿交领褶袴，束腰，纵马回身拉满弓射向奔逃的兔

图 2-70　骑吏与鲜卑人女子图　酒泉西沟村 M7 号魏晋墓　魏晋
（采自俄军、郑炳林、高国祥《甘肃出土魏晋唐墓壁画》，
兰州大学出版社 2009 年）

---

①　徐光冀主编：《中国出土壁画全集 9》，科学出版社，2012 年，第 45 页。

子。马的辔头、鞍鞯齐备，四蹄奋扬，正在疾驰。画面右上角一只兔子作惊恐奔逃状，其脖颈上插着一支箭。画面左侧为一棵大树，枝叶纷披。

当时河西地区的狩猎方式除了用弓矢外，还出现了训鹰狩猎。甘肃省高台县骆驼城苦水口1号墓《驾鹰图》（图2-72）描绘狩猎出行，画面中一男子头戴帽，身着红色短衣，骑马疾行，臂上架鹰，是墓主人狩猎出行图中的场景之一。

嘉峪关新城1号墓《狩猎图》（图2-73），画面中三男子头戴桶形帽，赤足短衣，手中有鹰和绳索，一只鹰已经放脱，三只犬疾速向前追赶奔逃的兔子。①

嘉峪关新城7号墓《狩猎图》（图2-74），画面中猎手骑于马上张弓，准备射向前方奔逃的黄羊。

酒泉丁家闸5号墓《捕鸟

① 徐光冀主编：《中国出土壁画全集9》，科学出版社，2012年，第12页。

图2-71 狩猎图 嘉峪关新城5号墓 魏晋
（采自俄军、郑炳林、高国祥《甘肃出土魏晋唐墓壁画》，兰州大学出版社2009年）

图2-72 驾鹰图 甘肃高台骆驼城苦水口1号墓 魏晋
（采自俄军、郑炳林、高国祥《甘肃出土魏晋唐墓壁画》，兰州大学出版社2009年）

图2-73 狩猎图 嘉峪关新城1号墓 三国·魏
(采自徐光冀主编:《中国出土壁画全集9》,科学出版社2012年)

图2-74 狩猎图 嘉峪关新城7号墓 魏晋
(采自胡之编选《甘肃嘉峪关魏晋七号彩绘砖》,重庆出版社2000年)

图》(图 2-75)中一位老者坐于穹庐内,从穹庐内伸出一根长杆,杆前端挂着一件长方形罗网,罗网下方站立着一只鹰,表现的是老者张网罗雀的场景。穹庐上方为翻腾的云气,下面为连绵的昆仑山,山间可见牛、羊及飞鸟等祥瑞动物。

坞堡图

嘉峪关新城 1 号墓《坞堡图》(图 2-76),画面分栏,上栏绘牛、羊,下栏绘树木及马、牛等,画面左侧为坞堡,坞堡四周有高墙围绕,在城垣的转角处开有坞门,门上方建有望楼,以便守卫者望远或俯瞰。画面描绘了曹魏时期河西地区畜牧业的兴旺景象。①

嘉峪关新城 3 号墓中的《坞堡图》(图 2-77)与 1 号墓有所不同,画面中间位置为一坞堡,坞堡左侧为二穹庐,穹庐中各有一人穿着褐色衣服,髡首,顶发结于脑后,应为鲜卑人。坞堡被高墙环绕,前后

---

① 徐光冀主编:《中国出土壁画全集 9》,科学出版社,2012 年。

图 2-75　捕鸟图　酒泉丁家闸 5 号墓　十六国
(采自俄军、郑炳林、高国祥《甘肃出土魏晋唐墓壁画》,兰州大学出版社 2009 年)

图 2-76　坞堡图　嘉峪关新城 1 号墓　三国
(采自徐光冀主编:《中国出土壁画全集 9》,科学出版社 2012 年)

图 2-77 坞堡图 嘉峪关新城 3 号墓 魏晋
（采自甘肃省文物工作队等《嘉峪关壁画墓发掘报告》，
文物出版社 1985 年）

各有一大门。城垣上有城堞，并有望楼一类的建筑，士卒可以据此登高瞭远，也便于战斗时据此向下射箭。①

酒泉丁家闸 5 号墓中的《坞堡与斗鸡图》（图 2-78）与前述新城魏晋墓中的《坞堡图》均有不同。画面中的坞堡系用墨线勾勒轮廓，浅赭色填涂坞堡城垣，坞堡正中双门扇大门敞开着，门及门框以深赭色填绘，有一髡首人立于半开的门内。城垣上有方形城堞，城垣正中为一高大的望楼，望楼顶部也有城堞，城垣一侧还插着两杆旗帜，迎风飘拂。饶有趣味的是，在坞堡大门前有鸡架，坞门前两只鸡正在相斗，为整个画面增添了不少生活气息。

屯营图

酒泉下河清五坝河墓 M3 的墓主人是一位军事首领，其砖画中军事要素占据了重要位置。除绘有大队骑兵浩浩荡荡出行的场面外，最为珍贵的是表现"屯营"和"屯垦"内容的彩绘砖。

《屯营图》中的墓主人居于大牙帐内，四周环以数层兵帐。《屯垦图》可见上面两排士卒在主将率领下操练，下面两架耕牛在犁地。将士屯垦制度是曹魏以来安定社会的主要措施，这两幅图像是曹魏时期西北边疆地区军垦的珍贵图像资料，对研究当时中国的边防屯田制度具有极高的价值。

---

① 甘肃省文物工作队等：《嘉峪关壁画墓发掘报告》，文物出版社，1985 年，第 68 页。

 第二章　兴盛期的墓室壁画

图 2-78　坞堡与斗鸡图　酒泉丁家闸 5 号墓　十六国
（采自俄军、郑炳林、高国祥《甘肃出土魏晋唐墓壁画》，兰州大学出版社 2009 年）

在嘉峪关新城3号墓前室南壁西侧，有两幅彩绘砖画《屯营图》与《屯垦图》。画面以最鲜明的特点来替代不必要的枝蔓。《屯营图》(图2-79)只有将军与两名侍立士卒，其余皆是军帐，省略了其他士兵。画面中央为大帐，墓主人手持便面，端坐于帐内的大榻上，帐门外立二侍卒，大帐外是布列森然的小帐。砖画位于前室南壁上层东侧，画面采用整壁通幅壁画形式。

前室南壁上层西侧画面表现的是亦兵亦农的屯营场景。画面分成上下两部分：上半部分有两列士兵操练，

图 2-79　屯营图　嘉峪关新城 3 号墓　魏晋
（采自胡之编选《甘肃嘉峪关魏晋三号彩绘砖》，重庆出版社 2000 年）

上列9人，下列10人，均着兜鍪袴褶，荷戟执盾。最前面还有一人持鼖鼓前驱。中间有两人，前一人穿兜鍪袴褶，左手持剑。后一人骑马，着绛褶灰袴。下方绘《牛耕图》，有二人正在扶犁策牛耕田，前一人髡首，应为鲜卑人，后一人头裹巾帻，应为汉人。

《屯垦图》再现了当年屯垦的兴旺景象，充分显示出当时屯垦已经具有相当的规模。尤其是其中的鲜卑人驱牛耕田的形象，说明当时河西地区的少数民族先民已经熟练掌握了牛耕技术，开始定居和从事农业生产。这也间接佐证了当地民族融合的历史进程。画面色彩明快热烈，风格清新活泼，用笔粗犷豪放，线条飞舞流动而沉着洗炼，主题鲜明集中，内容丰富多彩。①

---

① 薛长年：《大戈壁里的地下艺术宫——嘉峪关魏晋壁画墓》，《中国典籍与文化》1997年第3期。

宰牲图

河西地区墓葬壁画中有大量表现宰牲的图像，杀鸡宰羊，椎牛杀猪，反映出当地先民丰富的生活内容。

嘉峪关新城 6 号墓中有《宰猪图》（图 2-80）。画面中的猪尖吻小耳，鬃毛刚硬，体形极为肥壮。猪被按置于长几上待宰，长几下方置一盆，猪的身后为屠夫，一手持刀，一手执猪尾。

嘉峪关新城 6 号墓中还有一幅《宰羊图》（图 2-81）。画面中有两杆树立在地上，两杆之间有一只羊，一前蹄和一后蹄用绳子绑住，分别系在两杆上，羊身形丰肥，没被绑住的两足乱蹬，羊身下放置一瓮。画面右边一男子立于架旁，一手拨弄绑羊腿的绳子，一手背于身后。

嘉峪关新城 12 号墓《宰牛图》（图 2-82），画面中一男子头戴便帽，上着交领短褶衣，束腰，下着袴，右手用力拽牛绳，

图 2-80 宰猪图 嘉峪关新城 6 号墓 魏晋
（采自胡之编选《甘肃嘉峪关魏晋六号彩绘砖》，重庆出版社 2000 年）

图 2-81 宰羊图 嘉峪关新城 6 号墓 魏晋
（采自胡之编选《甘肃嘉峪关魏晋六号彩绘砖》，重庆出版社 2000 年）

图 2-82 宰牛图 嘉峪关新城 12 号墓 魏晋
（采自胡之编选《甘肃嘉峪关魏晋十二、十三号墓彩绘砖》，重庆出版社 2000 年）

左手高举一椎，正准备向牛头砸去。

嘉峪关新城 5 号墓中有《烫鸡洗鸭图》（图 2-83）。画面中有两位侍女，头梳环髻，身穿交领长衫，束腰，跪坐于地，袖子高高挽起。她们面前分别放着一只陶盆，左边一人正在烫鸡拔毛，右边一人正在清洗已经去毛的鸭子。

采桑图

甘肃省高台县骆驼城苦水口 1 号墓《采桑图》（图 2-84），画面中央绘一颗大树，两边各站着一位妇女，头梳高髻，身着交领广袖襦裙，襦衫为棕红色，下系白色长裙，一人手提着篮筐，用手折枝；另一人手持笼钩，正在采桑。

嘉峪关新城 6 号墓《采桑图》（图 2-85）画面中央有一颗大树，树下站一女子，短发赤足，提笼筐采桑，画面左侧一儿童立于树下，右手高举，手

图 2-83 烫鸡洗鸭图 嘉峪关新城 5 号墓 魏晋
（采自徐光冀主编《中国出土壁画全集 9》，科学出版社 2012 年）

中有物,似在以石头打鸟。人物的发饰显示人物为居于河西地区的少数民族。

嘉峪关新城6号墓另有一幅《采桑图》(图2-86),画面中间为一人,髡首,上衣方正,下穿短裙,男子左右两边各有一棵低矮桑树,上面长满桑叶,男子正伸开双臂,向两棵树上摘桑叶。

习武图

酒泉下河清五坝河魏晋墓中有两个少数民族武士在操练习武的画面。二人皆高鼻,蓬发,着青绿色交领短衣,束腰,下穿横纹裤(或为裹腿)。一人作半蹲式,手中持戈;一人站立,引弓射箭。①

嘉峪关新城12号墓《坞堡图》(图2-87),画面中的坞堡为四方形,有对开的大门,坞堡内有高大的望楼,坞堡外有树木,坞堡的封闭性较强,有着较强的防守功能,这应是墓主人居所的真实写照。②

---

① 张朋川:《河西出土的汉晋绘画简述》,《文物》1978年第6期。
② 徐光冀主编:《中国出土壁画全集9》,科学出版社,2012年,第112页。

图2-84 采桑图 甘肃省高台县骆驼城苦水口1号墓 魏晋
(采自徐光冀主编《中国出土壁画全集9》,科学出版社2012年)

图2-85 采桑图 嘉峪关新城6号墓 魏晋
(采自俄军、郑炳林、高国祥《甘肃出土魏晋唐墓壁画》,兰州大学出版社2009年)

图 2-86　采桑图　嘉峪关新城 6 号墓　魏晋
（采自俄军、郑炳林、高国祥《甘肃出土魏晋唐墓壁画》，兰州大学出版社 2009 年）

图 2-87　坞堡图　嘉峪关新城 12 号墓　魏晋
（采自徐光冀主编《中国出土壁画全集 9》，科学出版社 2012 年）

敦煌佛爷庙湾墓群《捧盾门吏图》位于墓葬照墙，画面中人物头着武弁，直立，着短衣，下着袴，双眼圆睁，双手捧盾，盾上置一把剑，身后有红色线绘出的斗拱和柱。

2. 历史人物故事类

历史人物题材主要为表现具有浓重英雄色彩的"李广射虎"以及表现"知音"的名士伯牙、子期等连续画面。伯牙抚琴、子期听琴相传为春秋"知音"的故事，记载见于《列子·汤问》和《淮南子·说山训》等，魏晋时期十分流行这一故事的艺术创作，河西墓葬中出现这一题材，表明魏晋时期河西地区崇尚汉文化的氛围。

伯牙子期图

伯牙和子期的"高山流水遇知音"，是自春秋时期就开始广泛流传的故事，《列子》《吕氏春秋》《风俗通义》《韩诗外传》等典籍中都有较完整的记载。但值得注意的是，汉代墓葬壁画中关于伯牙子期的内容却几乎未见。到了魏晋时期，敦煌地区出现了一批伯牙子期画像，仅在如敦煌佛爷庙湾西晋墓群中就发现了四组七件。

如出于第 37 号墓中的伯牙和子期彩绘砖，分别镶嵌于墓门照壁上方第 8 层两块砖上，位于照墙左右两端。左边为《伯牙抚琴图》（图 2-88），画面中的伯牙头戴平巾帻，身穿交领袍服，跽坐于地，双膝上横置一琴，双手抚拨琴弦，袍袖激荡鼓起，身畔有飞鸟盘旋。右侧为《子期听琴图》（图 2-89），画面中子期头上束巾，身穿交领袍服，趴伏于地上，作悉心倾听状，身旁有飞鸟盘旋。

敦煌佛爷庙湾西晋画像砖墓 M39 中的伯牙子期图与 M37 有所不同，M39 的伯牙子期分别位于该墓照墙第四层第一砖和第四砖上。

敦煌佛爷庙湾西晋画像砖墓也有伯牙子期图像，但 167 号墓经盗扰已坍塌，仅清理出墨线彩绘砖 5 块，其中有一块为《伯牙抚琴图》（图 2-90），但原来所在的位置不明。推测画像砖原应系照墙壁面的嵌饰。伯牙弹琴为粗笔墨绘，极为简率，然而却生动传神。该墨绘伯牙弹琴画像之动态与佛爷庙湾其他伯牙抚琴彩绘图像大致相同，只是人物

图 2-88 伯牙抚琴图 敦煌佛爷庙湾西晋画像砖墓 M37 西晋
（采自马建华《甘肃敦煌佛爷庙湾魏晋墓彩绘砖》，重庆出版社 2000 年）

图 2-89 子期听琴图 敦煌佛爷庙湾西晋画像砖墓 M37 西晋
（采自马建华《甘肃敦煌佛爷庙湾魏晋墓彩绘砖》，重庆出版社 2000 年）

图 2-90 伯牙抚琴图 敦煌佛爷庙湾西晋画像砖墓 M167 西晋
（采自马建华《甘肃敦煌佛爷庙湾魏晋墓彩绘砖》，重庆出版社 2000 年）

面部偏向左边，伯牙背后增绘一树，砖之左部有两只神鸟。①

李广骑马射虎图

李广是西汉名将，曾在西汉朝廷任郎官、郎将、都尉等职，并在上谷、云中、北平等抗匈一线任太守。一生与匈奴交战 70 余次，匈奴人称之为"飞将军"。《史记·李将军列传》记载："广出猎，见草中石，以为虎而射之，中石没镞，视之石也。"

甘肃地区的魏晋墓中关于李广的彩绘图像很多，仅在敦煌佛爷庙湾魏晋群中就发现三组六块《李广骑马射虎》（图 2-91）的彩绘砖。每组两块，一块砖上彩绘李广，一块砖上彩绘山中老虎。以佛爷庙湾 M37 号墓为例，画面中的李广头戴平帻，阔面丰颐，唇上有八字须，身穿交领窄袖衣，骑在一匹骏马上，反身张弓搭箭准备发射。马的辔头、鞍鞯齐备，但无马镫。与之相对的另一块砖上，前部为老虎前半身，昂首怒睛，前

---

① 王中旭：《敦煌佛爷庙湾墓伯牙弹琴画像之渊源与含义》，《故宫博物院院刊》2008 年第 1 期。

图 2-91 李广骑马射虎图 敦煌佛爷庙湾魏晋墓 魏晋
（采自甘肃省文物考古研究所《敦煌佛爷庙湾西晋画像砖墓》，文物出版社 1998 年）

肢蹬抓，额头和面颊各有一矢，其下有血滴，后半部为层峦叠嶂的山峰。

3. 宗教思想类

伏羲女娲图

伏羲女娲神话故事在秦汉之际完善并开始流行，也是河西地区魏晋墓葬中的重要题材。伏羲女娲形象大多画于墓砖上，也有部分绘于棺上。

甘肃省高台县骆驼城土墩墓群 M2 号墓，东壁南北两侧分别绘伏羲、女娲、坞堡。以墨线勾勒轮廓，朱红敷彩。伏羲位于北侧，人首蛇身，手中持矩，胸、腹部绘圆形的太阳，太阳内绘三足鸟，肩部生翼。南侧画像砖绘女娲像，女娲人首蛇身，手中持规，胸、腹部绘一圆形月亮，月亮内绘蟾蜍一只。①

西王母图

西王母图像是汉代以来就十分流行的图像主题，但是到魏晋南北朝时期数量大为减少，主要是由于佛教进入中原及道教自身的调整，使得西王母信仰不再像两汉时期那么流行。但是在甘肃地区，魏晋南北朝时期依然保留了不少西王母图像。

---

① 张掖地区文管办、高台县博物馆：《甘肃高台骆驼城画像砖墓调查》，《文物》1997 年第 12 期。

如高台县骆驼城壁画墓《西王母图》(图2-92),画面中的西王母像,画面中的西王母头梳高髻,身着交领红色袍服,席地拱手而坐,面前绘一棵树,身后有大片缭绕的云气。

敦煌佛爷庙湾墓群《西王母图》(图2-93)位于墓室照墙。画面中的西王母头梳圆髻,身穿交领窄袖羽衣,笼袖端坐,肩部有双翼,头顶有曲柄华盖,两旁有双立耳羽人侍者,双手执华盖柄。

酒泉丁家闸5号墓《西王母图》(图2-94、图2-95)位于墓葬前室西壁的上层,壁画是在墓壁抹一层草拌泥层后,再涂一层细黄泥皮,再于其上绘画。西王母头梳髻,肩有双翼,正面拱手端坐于云柱座上,身旁有侍女手持曲柄华盖侍立,头顶上有月,再上为倒悬的龙首。云柱座两侧为三足乌和九尾狐,下部为连绵的昆仑山,山顶有飞翔着的三青鸟,周围绘大朵云气。①

四神图

甘肃省高台县罗城乡河西村地埂坡

图2-92 西王母图 甘肃省高台县骆驼城壁画墓 魏晋
(采自俄军、郑炳林、高国祥《甘肃出土魏晋唐墓壁画》,兰州大学出版社2009年)

图2-93 西王母图 敦煌佛爷庙湾墓群 西晋
(采自徐光冀主编《中国出土壁画全集9》,科学出版社2012年)

---

① 徐光冀主编:《中国出土壁画全集9》,科学出版社,2012年,第133页。

图 2-94　西王母图　酒泉丁家闸 5 号墓　十六国
（采自俄军、郑炳林、高国祥《甘肃出土魏晋唐墓壁画》，兰州大学出版社 2009 年）

图 2-95　西王母图（局部）酒泉丁家闸 5 号墓　十六国
（采自俄军、郑炳林、高国祥《甘肃出土魏晋唐墓壁画》，兰州大学出版社 2009 年）

　　墓地 1 号墓后室顶部四面坡上也绘有四神形象。该墓葬后室平面方形，覆斗顶，四壁较直，顶部绘出覆斗形式，中央方形藻井，上彩绘莲花，四坡上绘四神，南坡朱雀，北坡玄武，东坡青龙与蟾蜍，西坡白虎和三足乌。其中南坡的《朱雀图》（图 2-96）中的朱雀状如雄鸡，尖喙利爪，头部有长长的羽冠弯曲前伸，身体颀长，身上用墨线勾出羽毛，双翅举起，尾羽长而上翘，单足站立，一足抬起，似乎刚刚落地。东坡的《青龙、月轮图》（图 2-97）已漫漶不清，但可以看出使用墨线勾勒的青龙形象，龙头高抬，龙尾上翘，龙身壮实矫健，前后腿抬起作飞奔状。青龙下方有一圆形的月亮，内有一蟾蜍。

　　甘肃省高台县骆驼城苦水口 1 号墓《凤图》（图 2-98）位于墓葬中室的上部，在砖面上涂一层白垩，再于其上绘画。一只朱雀立于中央，朱雀头上有三山状冠，身上彩羽

图 2-96　朱雀图　甘肃省高台县罗城乡
　　　　河西村地埂坡墓地 1 号墓　魏晋
　　（采自《甘肃高台地埂坡晋墓发掘简报》，
　　　　《文物》2008 年第 9 期）

图 2-97　青龙、月轮图　甘肃省高台县罗城乡
　　　　河西村地埂坡墓地 1 号墓　魏晋
　　（采自《甘肃高台地埂坡晋墓发掘简报》，
　　　　《文物》2008 年第 9 期）

图 2-98　凤图　甘肃高台骆驼城苦水口 1 号墓　魏晋
(采自徐光冀主编《中国出土壁画全集 9》，科学出版社 2012 年)

似鳞甲，尾羽硕大而高举，最值得注意的是其背部呈龟甲状，具有河西地区的特点。朱雀前面绘云朵。

甘肃省瓜州县踏实墓群 2 号墓墓葬照墙上有《朱雀图》，以浓墨勾勒出身体轮廓及羽毛，再用淡墨色填涂全身，其身体肥圆，憨态可掬，圆睛长喙，细长的双足站立，尾羽略为下垂，作低首觅食状。

敦煌佛爷庙湾西晋画像砖墓 M188 照墙中部有《白虎图》（图 2-99），该图的绘制方式较为特殊，系先在砖面上用白垩涂出白虎大致形状后，再于白垩上以墨线绘出轮廓及虎纹，最后以赭红色颜料填涂虎纹，白虎的轮廓之外不施白垩。画面中的白虎圆头大耳，张口露齿，虎颈颀长弯曲，虎头抬起，双眼圆睁，体长而且壮实，颈、背、尾部有圆斑，后腿蹬立，前腿低趴，尾上卷，似乎作势欲扑，形象十分生动。

图 2-99　白虎图　敦煌佛爷庙湾西晋画像砖墓 M188　西晋
（采自徐光冀主编《中国出土壁画全集 9》，科学出版社 2012 年）

镇墓兽

镇墓兽是人们想象出来的，放置在墓中以镇墓避邪的怪兽。最早出现在春秋时期，战国以后逐渐在全国范围内广泛流行。其造型特点是通常呈猛兽外形，头上有独角或枝角，多作蹲坐或行走状。

嘉峪关新城 13 号墓镇墓兽《独角兽图》（图 2-100）画面中的独角兽状似老虎，头部小而圆，双圆耳直立，眼睛圆睁，额头有一长一短两只角，长尾上卷，背部有虎斑纹，胁下有羽状纹，一只后腿蹬立，似乎随时准备抵触来犯的恶鬼。独角兽立于墓门两侧，意在镇墓辟邪。

嘉峪关新城 12 号墓中的镇墓兽位于前室南壁，系在砖面上涂白垩，再于其

图 2-100　独角兽图　嘉峪关新城 13 号墓　魏晋
（采自胡之编选《甘肃嘉峪关魏晋十二、十三号墓彩绘砖》，
重庆出版社 2000 年）

上绘画。画面中独角兽身体肥圆,长尾上卷,背部有斑纹,胁下有羽状纹,左后腿向后蹬立,瞠目张口,低首作抵触状,模样凶猛。

瑞兽图

甘肃省高台县罗城乡河西村地埂坡墓地4号墓壁画位于墓葬前室西壁通向后室的甬道口上部,以白垩为底,以土红色线条起稿,再以墨线绘出轮廓后平涂色彩。《神兽图》(图2-101、图2-102)绘三只神兽,中间为受福,半立姿,头顶有一角,前足捧物,肩有双翼。右侧神兽头顶有一角,蹄足,肩有双翼,长尾巴。左侧为麒麟,头顶有一角,蹄足,短尾,肩有双翼。

图2-101 神兽图 甘肃省高台县罗城乡
河西村地埂坡墓地4号墓 魏晋
(采自徐光冀主编《中国出土壁画全集9》,
科学出版社2012年)

图2-102 神兽图 甘肃省高台县罗城乡
河西村地埂坡墓地4号墓 魏晋
(采自徐光冀主编《中国出土壁画全集9》,
科学出版社2012年)

鲵鱼俗称娃娃鱼,古代又称"鳉",或称"儿鱼"。《山海经·北山经》云:"决决之水出焉,……其中多人鱼,其状如鳉鱼,四足,其音如婴儿。"又《中山经》云:"休水出焉,而北流注于洛,其中多鳉鱼,……可以御兵。"因其特殊的声音,类似孩童啼哭，故而被认为是神异之物。敦煌佛爷庙湾墓群1号墓的鲵鱼图祥瑞，画面中的鲵鱼人首鱼身，双耳上立，背上绘有鱼鳞，状若鸟羽，整个鱼身似乎是在空中飞翔。右下方题名"儿鱼"。

《万鳣图》（图2-103）画面中的动物为鱼身鸟翼，下有一双鸟足，应为飞鱼，左上方题名为"万鳣"。《本草拾遗》引《藏器》曰："鳣鱼，长二三丈，纯灰色，体有三行甲。逆上龙门，能化为龙也。"① 鳣作为一种鱼类，在战国文献中常常被提及，到汉代，鳣鱼被神话，成为动物祥瑞之一。

敦煌佛爷庙湾墓群1号墓照墙上还绘有《神鹿图》，在砖面上用白垩涂出大形后，再于其上以墨线绘出轮廓等，物像轮廓之外不施白垩。画面中鹿头高昂，大角后扬，呈卧姿，右侧题名"鹿"。

酒泉丁家闸5号墓《白鹿图》（图2-104）位于墓葬前室北壁上层中央，天空中祥

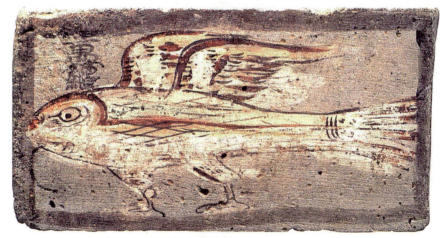

图 2-103　万鳣图　敦煌佛爷庙湾墓群1号墓　西晋
（采自徐光冀主编《中国出土壁画全集9》，科学出版社2012年）

---

① （明）李时珍著，王庆国主校：《本草纲目 金陵本新校注》（下），中国中医药出版社，2013年，第1316页。

中国丝绸之路上的墓室壁画

图 2-104　白鹿图　酒泉丁家闸 5 号墓　十六国
（采自静安编《甘肃丁家闸十六国墓壁画》，重庆出版社 1999 年）

图 2-105　白兔图　甘肃省瓜州县踏实墓群 2 号墓　西晋
（采自徐光冀主编《中国出土壁画全集 9》，科学出版社 2012 年）

云缭绕，凤鸟飞翔，半空中有一白鹿，身被鳞甲状毛，大角后扬，奋蹄飞驰，下面有层峦叠嶂，山间树林茂密，走兽奔驰。

甘肃省瓜州县踏实墓群 2 号墓《白兔图》（图 2-105）。该图位于墓葬照墙，白兔双耳直立，眼睛圆睁，身体肥硕，四肢蜷曲趴伏于地上，憨态可掬。

神马图

酒泉丁家闸 5 号墓壁画中有一幅《神马图》（图 2-106），画面顶部绘有倒悬的龙首，龙首下方云气翻腾，中间一匹白马，鬃、蹄、尾及头部、眼鼻均为红色，正奋力向前飞奔，马鬃和马尾向后高高扬起，用以夸张天马奔跑的速度。天马下方为连绵不绝的山峰，周围绘云气。

社树图

酒泉丁家闸 5 号墓《社树图》（图 2-107）位于墓葬前室南壁底层。壁画是在墓壁先抹一层草拌泥层后，再涂一层细黄土泥皮，再于其上绘画。画中绘有一颗社树，有

第二章　兴盛期的墓室壁画

图 2-106　神马图　酒泉丁家闸 5 号墓　十六国
（采自静安编《甘肃丁家闸十六国墓壁画》，重庆出版社 1999 年）

图 2-107　社树图　酒泉丁家闸 5 号墓　十六国
（采自俄军、郑炳林、高国祥《甘肃出土魏晋唐墓壁画》，兰州大学出版社 2009 年）

繁茂巨大的树冠，其上有鹦鹉、青鸟和一只正攀着树向下张望的玃，树下有一平台，平台有柱支撑，柱头有斗拱，台上有一裸女手持帚正在扫平台，平台两侧绘小树，小树与大树形成鲜明的对比。① 早期先民对树木充满了神秘感，原始社会就有神树崇拜。宗教观念出现以后，神树崇拜演变为社树崇拜，长期的宗教生活所形成的关于社的宗教意义，诸如福禄、国祚以及宗族祖先、故里亲人等内容，同时也就成了作为社神的社树的宗教意义。②

---

① 徐光冀主编：《中国出土壁画全集 9》，科学出版社，2012 年，第 138 页。
② 赵沛霖：《树木形象的起源与社树崇拜》，《河北学刊》1984 年第 3 期。

4. 装饰纹样类

河西地区魏晋墓中的装饰纹样内容丰富，形态多样，常见的有云气纹、连续三角纹、X形纹、旋圈纹、花点纹、勾叶花蕊纹、草叶纹、几何纹以及莲花纹等。绘有装饰纹样的彩绘砖一般被布置在照墙上，与主题性彩绘砖或仿木斗拱造型砖结合，共同构筑起墓室内华美的地下世界。

莲花图案是佛教中常见的花纹。有的佛、菩萨脚踩莲花，或被作为供养之物，或被画刻在佛的头光中，象征净土。1995年敦煌佛爷庙湾出土三件莲花藻井砖，其中第133号墓的砖上的《莲花纹》（图2-108）画面正中绘莲蓬，对称外延出八瓣莲叶。莲瓣尖端外围空隙处绘有凫、鱼等，象征莲池。藻井莲花色彩艳丽，画像砖底涂黑色，莲瓣红白相间，凫、鱼墨线勾勒轮廓，内中施红白两彩，整个效果对比强烈。莲花画像砖作为藻井砖，起到了装饰墓室的效果。①

图2-108 莲花纹 敦煌佛爷庙湾西晋画像砖墓 M133 西晋
（采自戴春阳主编《敦煌佛爷庙湾西晋画像砖墓》，文物出版社1998年）

三角纹通常呈白边朱底，绘于斗拱造型的砖上，其形状类似锯齿的连续三角形，如嘉峪关新城6号墓的《三角纹饰》（图2-109）；也有的在三角纹朱底上用白色颜料点缀梅花状点饰；② 还有的用黄彩三角形与黑彩或褐彩三角形配合，互为反正，如敦煌佛爷庙湾西晋墓。

几何纹加勾点纹是在白色底子上用红色线条交叉形成X形几何纹，并在其间加饰勾点纹。也有用云气纹样代替勾点，用于填充X形几何纹间空白（图2-110）。

其他纹样还有旋圈纹通常是在白色的底子上用黄褐彩色线条从圈心开始作顺时针旋

---

① 戴春阳主编：《敦煌佛爷庙湾西晋画像砖墓》，文物出版社，1998年，第78页。
② 甘肃省文物工作队等：《嘉峪关壁画墓发掘报告》，文物出版社，1985年，第17页。

图 2-109　三角纹饰　嘉峪关新城 6 号墓
（采自甘肃省文物工作队等《嘉峪关壁画墓发掘报告》，文物出版社 1985 年）

 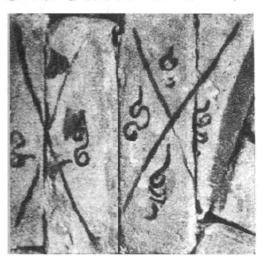

图 2-110　左：几何纹加勾点纹　右：几何纹加云气纹　魏晋
（采自甘肃省文物工作队等《嘉峪关壁画墓发掘报告》，文物出版社 1985 年）

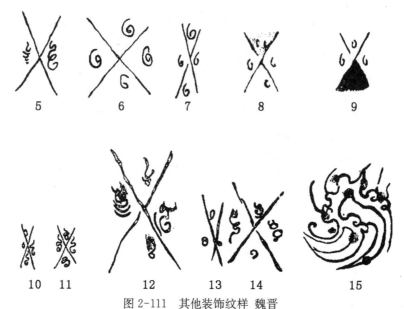

图 2-111 其他装饰纹样 魏晋
（自甘肃省文物工作队等：《嘉峪关壁画墓发掘报告》，文物出版社 1985 年）

出。这种纹饰还见于用来分隔连续主题彩绘砖的横砌立砖砖面（图 2-111）。

花点纹是由红色和白色彩点聚合共同组成，看上去犹如花瓣聚拢。

勾叶花蕊纹常见于仿木造型的砖面，在黑色或红褐色砖面上用白彩或红彩勾绘出勾状草叶和花蕊。

云气纹是在仿木斗拱的红褐色底子上用白彩勾画。如敦煌佛爷庙湾西晋彩绘砖墓，嘉峪关新城 3 号、6 号墓等。

第三节　丝绸之路对兴盛期墓室壁画的影响

汉代的甘肃是中央王朝重要的政治、经济、文化、军事战略要地，设四郡，据两关，同时迁徙内地贫民到河西四郡，广泛实行军事屯田。河西四郡的设置、切断匈奴与西羌的联系、开辟保障内地通行西域的走廊、开发河西、促进这一地区经济和文化发展、开辟丝绸之路，都具有十分重要的意义。① 魏晋南北朝时期，甘肃的辖区比较混乱。进入东晋，社会动乱不安，北方形成分列割据局面。从西晋末到十六国时期，跨境或在甘肃境内建立的割据政权有：后赵、前秦、后秦、前凉、西秦、后凉、南凉、北凉、西凉，这些相对稳定的割据政权使河西经济文化得到较大发展，这一时期甘肃河西地区墓葬遗存多、规模大。

从 20 世纪 50 年代末到七八十年代，甘肃考古队发掘了武威城西南十六公里处祁连山麓的磨嘴子汉墓群、旱滩坡汉墓群以及五坝山墓葬群中的汉墓。整个西汉王朝，可以以汉武帝初年（元朔以前）分为前后两期，河西发现的墓葬多属西汉后期以后，这是由于河西四郡的设立是从汉武帝以后才开始的。汉武帝设河西四郡之后，为了巩固河西走廊这条军事、交通要道，在河西地区进行了大规模的军事屯田和"徙民实边"。这些屯田的士兵和被徙的"百姓"大都来自关东、关中地区，其中有些是因犯罪而徙来的豪族。这些人大量涌入河西，使河西地区的文化面貌发生了急剧变化。可以说，在汉武帝设河西四郡之前，河西地区没有一个占主导地位的文化把这个地区"统一"起来，强大的"汉文化"西来后，才结束了河西地区从原始社会以来一直存在的头绪纷繁的各种

---

① 高小强、铁文英：《甘肃少数民族文化概论》，中央民族大学出版社，2015 年，第 4 页。

文化。①

可以看出，汉代河西的文化面貌和关中、中原是基本一致的，而同南方地区的差别较大。如东汉前期，墓室前室平面呈方形，用条砖叠涩成蒙古包式的穹窿顶，后室平面呈长方形，用条砖作券顶的前后室墓在中原大量出现，在河西最西部的酒泉地区，这类墓也很流行。东汉后期，中原等地由于多人合葬墓盛行，往往一座墓在后室和两侧增开侧室，这种多室墓在河西地区也经常发现。② 这些墓凡年限早于雷台墓者，都是墓葬规模小，墓型结构简单，多为单棺土洞墓，殉葬品数量也较少。

当然，河西汉墓和中原汉墓也有相异之处，但这决不是主要方面。如中原地区从西汉晚期以后，就出现延续数百年的大家族墓地，在河西地区这类墓地还没有发现过。又如东汉以来，我国不少地方出现了壁画、画像石、画像砖墓，多为神仙画，天象图，墓主人车马出行图，生活图及反映儒家思想的孝、佛、忠信故事等图画。但这类墓在武威、张掖地区就很少见到。③

武威雷台墓葬是东汉晚期厚葬之风盛行的反映。武威雷台汉墓中出土的车马行列，基本上符合《续汉书·舆服志》所载的官秩二千石的"导从"制度。墓主身份可能与此墓相当的沂南汉墓壁画墓、西安平汉墓壁画墓和辽阳北园汉墓壁画墓，也基本一致。从墓葬形制看，武威雷台汉墓为带有封土和斜坡墓道的多室砖券墓。这种墓制，在甘肃、陕西、河南、河北、内蒙古等地都发现过，年代大都属东汉后期。随葬的铜器、陶器形式与上述地区也相类似。从出土的陶罐、陶壶、陶瓮、陶灶以及铁镜等看，与洛阳烧沟"建宁三年"墓（M1037）极为接近。前、中、后三墓室顶部彩绘莲花藻井，与山东沂南汉墓相同。这些都可以证明此墓应属东汉晚期。

武威雷台汉墓是丧葬风气由薄葬向厚葬转变的结果。东汉初光武帝和明帝鉴于西汉

---

① 杜斗城：《河西汉墓记》，《敦煌学辑刊》1992年第1期。
② 杜斗城：《河西汉墓记》，《敦煌学辑刊》1992年第1期。
③ 杜斗城：《河西汉墓记》，《敦煌学辑刊》1992年第1期。

末年腐败致亡和王莽暴乱的历史教训，为政较为严明清廉，他们反对厚葬而提倡薄葬。光武帝死后，遗诏曰："朕无益百姓，皆如孝文皇帝制度，务从约省。"明帝死后，"遗诏无起寝庙""无得起坟"。① 史载："文帝葬于芷阳，明帝葬于洛南，皆不藏珠宝，不造庙，不起山陵。陵墓虽卑而圣高""明帝时，桑民摋阳侯坐冢过制髡削"。② 奢侈厚葬是政治腐败的反映。东汉政治腐败开始于汉章帝死后。章帝本人是比较廉洁的。死后实行薄葬，"遗诏无起寝庙，一如先帝法制。"③ 但他生前改变了光武帝、明帝的"严切"政治，被称为"宽厚长者"："魏文帝称'明帝察察、章帝长者'。章帝素知人厌明帝苛切，事从宽厚。"④ 官僚们得到宽厚待遇，开始作恶，章帝死后，便无所顾忌，东汉政治进入黑暗时期。厚葬之风从东汉中期兴起，盛行于东汉晚期。东汉晚期的进步思想家王符揭露了当时厚葬之风盛行的状况："今京师贵戚，郡县豪家，生不极养，死乃崇丧。或至刻金镂玉，襦梓梗楠，良田造茔，黄壤致藏，多埋珍宝偶人车马，造起大冢，广种松柏，庐舍祠堂，崇侈上僭。"⑤ 雷台墓葬的奢华正是这种厚葬歪风盛行的反映。日本学者白须净真考察研究了河西汉代墓葬，他认为雷台墓葬是东汉晚期中央失去控制力，地方豪强兴起的表现："东汉晚期河西墓葬中出现许多大型砖室墓，如武威雷台张氏墓，明器中有陶楼院，反映当时豪族所居是围有高墙的三至五层大邸宅……可见到东汉末年中央权力衰微时，河西豪族已经起来取代地方长官的权力了。"⑥ 这也说明雷台墓这样罕见的大墓，只有在东汉晚期才会出现。

甘肃河西走廊南抵祁连，北枕合黎，黑河纵贯，地貌分祁连山脉、走廊平原、合黎山地，河流沿岸水草丰美，是古代游牧民族迁徙驻牧的地方，也是古丝绸之路的必经之

---

① （南朝宋）范晔：《后汉书·明帝纪》，文渊阁四库全书本。
② （汉）王符：《潜夫论·浮侈》，文渊阁四库全书本。
③ （南朝宋）范晔：《后汉书·章帝纪》，文渊阁四库全书本。
④ （南朝宋）范晔：《后汉书·章帝纪》，文渊阁四库全书本。
⑤ （汉）王符：《潜夫论·浮侈》，文渊阁四库全书本。
⑥ 转引自《文史知识》，1987年第9期《谈谈国外对汉代豪族的研究》。

地。沿黑河北上，是去匈奴龙庭的必经之地，古称龙城古道，也是匈奴和其他民族南下的重要交通要道，故有"三秦锁钥，五郡咽喉"之称，自古以来即为连接中原地区与西部边陲的重要通道和古代丝绸之路的咽喉孔道，在古代中国的政治、经济、文化发展和促进东西方文化交流中，占有十分重要的位置。

汉末黄巾起义带动导致道教的兴起，道家和道教在丧葬上都主张"归本返真"的薄葬。另外，"曹魏时期，战乱频繁、经济凋敝，曹操利用自己的政治地位，禁止厚葬，推广薄葬，直至两晋，薄葬的影响依旧"。① 墓室内不再陈设生活用品，复原生产生活场景依赖于墓中出现丰富多彩的装饰画，墓室主人的物质要求相对松弛，精神追求大幅提高。墓室壁画成为墓室的重要组成部分，它利用有限的空间，展现社会生产、生活的各个方面。高台魏晋墓室壁画与壁画砖的产生和发展即是这种社会现象的物化形态，反映魏晋时期甘肃河西一带的社会经济、政治和占主流的思想以及由此而形成的墓葬制度与习俗方面的变化。②

河西魏晋墓葬的特点是世家大族聚族而葬，通过归葬祖茔与家族祔葬等方式形成大型家族墓区，墓向及墓葬排列长幼有序，反映出由东汉时期萌芽至西晋时期得到发展的豁达生死观及家族情感的确认和宗教思想对丧葬观念的影响。③ 甘肃河西地区的魏晋墓葬以绘画或雕刻的形式模仿、展示了民众生前的丰富现实生活、死后对天堂的美好憧憬，以及对神灵的崇拜，这是甘肃魏晋十六国墓葬绘画艺术的两大主题。甘肃魏晋南北朝时期壁画依其构图形式分为两类：一类是小幅砖画，均为一砖一画，系在单独的砖面上作画，以白垩为底，也有部分墓葬的砖面不打底。以土红色线起稿，再以墨线轮出物像轮廓，然后平涂色彩。这种绘画，画面视砖面的大小进行构图。由多个画面形成完整

---

① 宋航：《古墓》，重庆出版社，2006年，第23页。
② 参见冯丽娟硕士论文《高台魏晋墓壁画形式与风格的研究》，西北师范大学，2009年。
③ 郭善兵：《二十世纪八十年代以来魏晋南北朝时期婚丧礼俗研究概述》，《贵州文史丛刊》2001年第4期。

的叙事内容。酒泉地区的壁画墓以此类形式为主流。然此类壁画墓的壁画形式仅发现于河西地区，在全国其他地区均未出现，应是河西地区特有的墓葬装饰形式。一类是大幅式壁画，如酒泉丁家闸 5 号墓、民乐八卦营的 3 座墓、2007 年在高台地埂坡发现的 3 座壁画墓。

从祁家湾 3 座墓的特点来看，这一时期墓葬规模与题材大为简化，但也出现了新的时代因素。如这一时期出现的牛车形象与西晋时期壁画墓中的完全不同。西晋壁画墓中的牛车是作为收获场景的一部分内容绘制的，主要表现收获粮食，而这里的牛车不仅形制有所变化，由露车变成了偏幰车，而且在牛车的顶部绘有飞鸟。墓主人宴饮形象中，男墓主人由双手笼起变成了手中持麈尾（虽然手中所持之物画得简单）。宴饮场面中出现了画面简单，但汉代以来习见的悬肉图像，象征庖厨，作为宴饮的辅助图像。①

画面内容主要反映当时的社会生活，构图生动，内容丰富。其作画方法比较独特，一般先用黑线勾勒出人物、动物的轮廓，然后用石黄、白、浅绿、赭石等颜色渲染，有的在一些醒目的地方加以点缀，以起到画龙点睛的作用。如嘉峪关新城 12 号画像砖墓、嘉峪关新城 13 号画像砖墓的《杀牛图》，牛四蹄蹬地，作挣扎逃跑状，画师又在牛的眼睛上添一点红色，以此来增加画面气氛。酒泉西沟村 M5 号魏晋墓的画像砖共计 113 块，主要内容是牛、马、鸡群和居住的穹庐帐、远处的游牧民族。描绘的内容偏重表现墓主人所处的生活地理环境。绘画笔法流畅，富有写实性，从多方面反映了当时的社会生活，同时也从一个侧面反映出了魏晋时期民间艺术创作的发展水平。画像砖墓中的远景内容如树林、生活在山麓旁的畜牧部族往往放在墓前室各壁的上部位置，墓主人的生活起居图一般放在较为醒目的墓壁中部，下部通常是炊厨和农耕。牛耙、牛耱图，表现了河西走廊地区天气干燥，降雨量少，需要保墒的地理特点。另外扬场、晒粮图充分渲染了粮食的收获量，并用不同的色彩描绘成堆的粮食，表示丰富的粮食品种。魏晋墓砖

---

① 参见郭永利博士论文《河西魏晋十六国壁画墓研究》，兰州大学，2008 年。

画像，取材于现实生活，基本上是当时河西走廊地区政治、经济、军事、文化的写照，具有浓厚的生活气息，其内容非常丰富。画像砖中，有数量众多的画面反映了居于统治地区的墓主人穷奢极欲、寻欢作乐、安逸享受的情景。

　　总体来看，河西墓葬壁画的题材所反映的是汉代以来人们观念中死后最基本、最必需的要求。河西墓葬照墙上门楼的营造与装饰发展定型后，可能反过来又影响到关中的墓葬。魏晋南北朝是我国美术史的过渡时期，一方面继承、改变了汉代以来文化的传统；另一方面产生了许多对后世有深远影响的新因素。河西墓室壁画有助于人们了解魏晋时期的绘画艺术。从技巧上看，河西壁画对题材加以概括和提炼，以精练的笔墨表现比较复杂的事物。壁画的线描起笔收笔明显，波磔分明，奔腾豪放，运动感很强。这些富有地方特色的绘画，为敦煌等地佛教艺术的发展奠定了深厚的基础。

第三章 繁荣期的墓室壁画

第一节 隋唐五代的墓室壁画

一、遗存梳理

隋唐五代时期，甘肃壁画墓遗存 10 座，分别为合水唐魏哲墓，酒泉西沟 M1、M2 号唐墓，敦煌佛爷庙湾唐墓，天水隋唐屏风石棺床墓。合水唐魏哲墓位于甘肃庆阳市合水县，为单室砖墓。

二、形制类型

1. 墓室形制

壁画墓葬形制以单室墓为主，双室墓仅有一座。合水唐魏哲墓为长斜坡墓道单室砖墓，坐北朝南，墓葬由墓道、天井、过洞、甬道、墓室等组成，整个平面呈刀形。唐代模印砖生动地刻画出西域胡人形象，反映了随着丝绸之路的繁荣，河西地区对外经济文化交流频繁的情景。天水隋唐屏风石棺床墓为竖井单室砖墓，墓道平行砖砌，上呈拱形券顶。墓室平面呈正方形，通高 3.44 米、长宽均 4.2 米，四壁略向外弧。酒泉西沟两座唐代砖砌壁画墓中，M2 为单室墓，M1 为双室墓（图 3-1）。

2. 壁画形制

（1）彩绘壁画。合水唐魏哲墓，墓室四壁均抹有一层厚约 0.2 厘米的草拌泥，其上涂白粉，然后上绘制壁画，但因墓室十分潮湿，壁画多已脱落，残存可辨识的仅有树木等，顶部壁画仅见不规则无形状的墨点（图3-2）。①

（2）画像砖。酒泉西沟唐墓和敦煌佛爷庙湾唐墓是少见的模印画像砖墓，模印砖的雕刻内容有骑马出行、牵驼、十二生肖等。酒泉西沟M1、M2号唐墓为模印画砖。

（3）画像石。天水隋唐屏风石棺床墓为竖井单室砖墓，棺床为沙页岩，由大小不等的17方画像石和8方素面石条组成床座、床板和屏风。其中由8方高33厘米、长短不等的素面石条和2方画像石组成长方形的床座。在石棺床的围屏上，有彩绘浮雕的狩猎、宴饮、出行、泛舟等生活画面。屏风采用平地减底的雕刻技法，雕工精湛，内容丰富，有反映主人狩猎、

---

① 甘肃省文物考古研究所：《甘肃合水唐魏哲墓发掘简报》，《考古与文物》2012年第4期。

图 3-1　前、后室图 酒泉西沟M1 唐
（采自俄军、郑炳林、高国祥《甘肃出土魏晋唐墓壁画》，兰州大学出版社2009年）

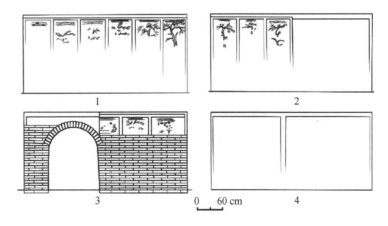

图 3-2　墓室壁画 甘肃合水唐魏哲墓（1. 西壁；2. 南壁；3. 北壁；4. 东壁）唐
（采自《甘肃合水唐魏哲墓发掘简报》，《考古与文物》2012年第4期）

宴饮、出行、泛舟等生活画面和亭台楼阁、水榭花园等建筑。部分画像石饰以红彩，外贴金，十分华丽。

三、题材类型

1. 日常生活类

乐舞图

乐舞类题材是这一阶段墓室壁画的重要内容。如天水隋唐屏风石棺床墓，正面床座由 2 方画像石拼成，通高 31 厘米，右侧一方长 1.25 米，左侧一方长 0.6 米。凹雕 6 组壶门，分上下两层。上层壶门为圆底莲瓣形，内有 6 个男性乐伎，均头戴束发冠，身着圆领紧袖左衽绯衣，两肩垂带交叉飘起，从左到右为执笙俑、执铜钱俑、弹半梨形曲项琵琶俑、吹洞箫俑、手击腰鼓俑，另有一乐伎双手弹奏竖箜篌。下层壶门内与乐伎上下对称雕刻 6 个神兽，两臂生翼，反掌托举。这一组床下须弥座以减地凹刻之手法饰以蓝底，乐伎和神兽饰以红、黄两彩，浮表贴金，整个场面生动活泼。①

酒泉西沟唐墓中也有类似乐舞形象，M1 号墓墓室中部墙壁上砌 3 层模印画砖，计有乐伎砖 52 块。乐伎砖分弦乐和管乐。弦乐砖模印两位女乐伎，头梳高髻，留发稍弯，垂于脑后，仪态端庄，上身着大领长衣，腰系长裙，窄袖管，翻卷于肘上，双手作操琴状。衣褶稠密而线条舒展。左边一女跪坐，怀抱七弦竖箜篌，双手拨弹，面部微向前倾，似在侧耳听音。右边一女盘腿端坐，长裙盖膝，裙上垂线百褶，手抚古筝，斜置于盘坐之，左手抚弦，右手拨弹，合奏之形准确，神情毕肖。管乐分合奏和独奏形式，男乐伎演奏笛和箫，呈端坐和跪坐姿势，神态自若，各有情趣。②

---

① 张卉英：《天水市发现隋唐屏风石棺床墓》，《考古》1992 年第 1 期。
② 俄军、郑炳林、高国祥：《甘肃出土魏晋唐墓壁画》，兰州大学出版社，2009 年，第 38 页。

人物图

甘肃天水隋唐屏风石棺床屏风上有《人物图》。屏风1位于石床右侧第一合。此图以山涧浮桥、林谷村野为背景，上首山崖上站一身背背篓的男子，似为农夫。浮桥边一骑马男子仰首面向山上农人，似在询问什么。下首山林之侧一方形单层古塔建筑，砖石基座，踏步台阶，塔身像亭子，顶上有覆钵宝珠刹。塔内一挺胸凸腹、身着紧身衣的男子坐在束腰圆凳上，手执牛角杯正在饮酒，脚下跪一小侍。屏风3左有一高大的方形楼阁建筑，楼前连理树、山石相互掩映，楼阁中一中年妇女侧身坐在窗前，旁边坐一小儿，似在眺望风和日暖的大好景色。①

春游图

天水隋唐屏风石棺床的屏风4上有《春游图》。此画像石因岩石剥落严重，画面较为模糊。右侧一木构建筑的城门楼半隐半现，左侧一拱桥，周围花草树木相映，一马车好似刚从城内走出，车旁一男子，和马车同向城门反方向而去，好似出外春游。②

夫妇对饮图

天水隋唐屏风石棺床墓屏风6上为《夫妇对饮图》。图高87厘米，宽46厘米，位于石床正面第三合，画面以一对夫妇宴饮为主要内容。河岸和拱桥边有一歇山式厅堂建筑，补间铺作为人字拱，正脊上有鸱吻，筒瓦屋脊饰以金彩。厅堂陈设同形连榻，下部饰以莲瓣形壶门。榻中间置一低案，上盛放杯盘食品。床榻中央盘腿坐一肥胖男人，床边垂足坐一女子，似为夫妇，两人捧杯对饮。另一女子右手提一酒壶站在床边，似为侍女。此画像石通体饰以红彩，贴金，色彩保护完好。③

出行图

天水隋唐屏风石棺床墓屏风7系石床正面第四合。此图以郊外山林水涧为背景，路

---

① 张卉英：《天水市发现隋唐屏风石棺床墓》，《考古》1992年第1期。
② 张卉英：《天水市发现隋唐屏风石棺床墓》，《考古》1992年第1期。
③ 张卉英：《天水市发现隋唐屏风石棺床墓》，《考古》1992年第1期。

边拱桥凉亭陪衬。大路上四匹马前后错落不齐，正在争上河桥。前一匹马上乘坐一人，身着圆领紧袖长袍。随后马上乘坐同样服饰的人，高鼻深目，左手提钩，右手反掌前伸，回头向后边骑马人作请让姿势。后两匹马只现出马头和前蹄，似为《出行图》。①

骑士图

酒泉西沟 M1 号唐墓《骑士模印砖》（图 3-3）为两位男子各乘一马，头戴幞头，身穿窄袖圆领长衫，二人左手执缰，右手打着旗子，前后相随而行，神态潇洒自如。柱础砖置于檐柱之下，人物造型为一男子瞪目闭口，双手上举，肌腱发达，体魄健壮，上下赤身，仅腰系短裤，两腿半蹲，形似力举千勋，与当今举重者神态相比，毫无逊色之处。前

图 3-3　骑士模印砖 酒泉西沟 M1 唐
（采自俄军、郑炳林、高国祥《甘肃出土魏晋唐墓壁画》，
兰州大学出版社 2009 年）

后室墓门两侧下方镶嵌特制守门卫士砖，长 44 厘米，宽 21 厘米。卫士头戴披风盔，身着战袍、铠甲，两乳高凸，左拳上举，右拳置于腰侧，浓眉大眼，高鼻方口，仪容健壮魁梧，形若金刚力士，体现了中国西北寒冷地带的民族特征和军士风貌。②

酒泉西沟 M2 号墓为晚唐时期墓葬，与 M1 号墓相比简单了许多。墓室镶嵌 3 层模印彩绘砖，主要以骑士为内容，《骑士模印砖》（图 3-4）每砖有二男子各乘一马，在前者为全副武装的甲胄骑士，头戴披风盔，身披甲胄，坐骑披鱼鳞形和网状形甲，

---

① 张卉英：《天水市发现隋唐屏风石棺床墓》，《考古》1992 年第 1 期。
② 俄军、郑炳林、高国祥：《甘肃出土魏晋唐墓壁画》，兰州大学出版社，2009 年，第 74-76 页。

腰间左侧挂宝剑，右侧斜插一面小旗；后一骑士身穿文服，马不披甲，与前马相随而行。整个队列从墓门一方进入，绕墓室一周，从另一方走出，形象威武生动，神态逼真，酷似在民族战争中锻炼成长起来的，具有甲胄武器、装备精良的边防兵队伍。这种披甲战马除敦煌壁画外，在国内墓葬中尚属罕见。①

图 3-4　骑士模印砖 酒泉西沟 M2 唐
（采自俄军、郑炳林、高国祥《甘肃出土魏晋唐墓壁画》，兰州大学出版社 2009 年）

胡商牵驼图

敦煌佛爷庙湾唐墓《胡商牵驼图》模印砖，砖呈灰色，图案模印凸起成浅浮雕状，四周有凸起边框，浮雕为一胡人牵一骆驼。胡商头戴尖顶帽，高鼻，尖下颌。身着窄袖长衫，腰系带。右手牵驼缰，左手握竿扛于肩上。骆驼矫健雄武，脖颈长伸，张口作嘶鸣状，阔步而行，颈上套一项圈。

2. 宗教思想类

十二辰图

十二辰形象自北朝开始就出现于墓室壁画中，到隋唐后进一步流行，酒泉西沟唐墓每座墓室的四壁都镶嵌有配套完整的十二辰模印砖，如《鸡模印砖》（图 3-5）。这一发

---

① 俄军、郑炳林、高国祥：《甘肃出土魏晋唐墓壁画》，兰州大学出版社，2009 年，第 63 页。

现不仅为研究十二生肖文化和唐代砖雕艺术提供了珍贵的资料,也为现代艺术创造提供了可资借鉴的新范例。这三座砖室墓中的十二辰模印砖均依次按四方五行配属镶嵌于墓室四壁,即东方属木,配虎、兔、龙;南方属火,配蛇、马、羊;西方属金,配猴、鸡、狗;北方属水,配猪、鼠、牛。木火金水四行归一,归于土,故中方属土,无具体神兽配属,这一完备系统的方位分布反映出墓主身份的高贵和唐代星占学的盛行。① 西沟唐墓中的十二辰砖雕造型生动,线条流畅,具有很高的艺术价值。其中有些造型较为独特,在相关题材的历代艺术作品中极为罕见,如酒泉西沟 M1 唐墓中《猪模印砖》(图3-6)的猪形象。以猪为题材的艺术品很多,其造型也多种多样,但大都以家猪为蓝本,突出其肥头大耳的形体特征和憨态可掬的神情,以表现人民生活的安定和社会财富的丰足。而这头猪却不然,它的

图 3-5 鸡模印砖 酒泉西沟 M1 唐
(采自俄军、郑炳林、高国祥《甘肃出土魏晋唐墓壁画》,
兰州大学出版社 2009 年)

形体虽也硕壮却不臃肿,艺术家独具慧眼,捕捉了它凌空腾跃扑向猎物的一瞬间来表现。显而易见,这是一头未脱离原生态的野性十足的猪,它的敏捷、矫健和凶悍不仅使人联想到是严酷的生存环境造就了它威猛强悍的个性和非凡的本领,也使它让那些饱食终日无所用心,除了哼哼讨食便是呼呼大睡,一身肥肉、满脸蠢相的同类相形见绌。②

酒泉西沟 M1 墓葬为仿木结构,前、后室均为覆斗顶。室内由三角纹牙砖、锯齿形

---

① 俄军、郑炳林、高国祥:《甘肃出土魏晋唐墓壁画》,兰州大学出版社,2009 年,第 64 页。
② 俄军、郑炳林、高国祥:《甘肃出土魏晋唐墓壁画》,兰州大学出版社,2009 年,第 64 页。

牙砖、十二辰砖、管乐伎砖、弦乐伎砖、骑士砖、斗拱砖、幔拱砖、力士砖、守门卫士砖、兽面砖等多种模印画砖砌成。该墓中的十二辰位置和布置方式颇为独特，墓顶以下，首先砌十二生肖模印砖，按八卦的顺序排列，南面蛇、马、羊，北面猪、鼠、牛，东面虎、兔、龙，西面猴、鸡、狗，形象十分生动。①

图 3-6 猪模印砖 酒泉西沟 M1 唐
（采自俄军、郑炳林、高国祥《甘肃出土魏晋唐墓壁画》，兰州大学出版社 2009 年）

甘肃合水唐魏哲墓有《墓志线刻》（图 3-7）1 合，志身四周立面上阴线刻十二辰。正面中间起首刻鼠，顺时针雕刻十二辰，各生肖间以阴刻界线分隔。墓志上镌刻十二辰像的做法较为罕见，其内涵有待进一步考察。

---

① 俄军、郑炳林、高国祥：《甘肃出土魏晋唐墓壁画》，兰州大学出版社，2009 年，第 66 页。

中国丝绸之路上的墓室壁画

西部卷·甘肃分卷

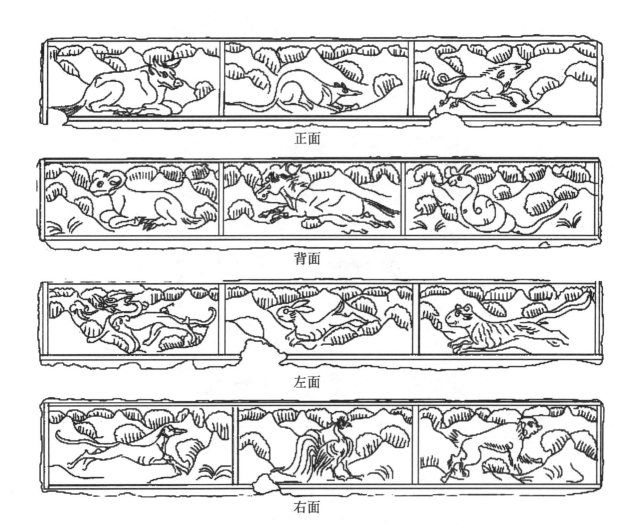

正面

背面

左面

右面

图 3-7　墓志线刻 甘肃合水唐魏哲墓 唐
（采自《甘肃合水唐魏哲墓发掘简报》，《考古与文物》2012 年第 4 期）

四、丝绸之路对隋唐五代墓室壁画的影响

隋唐以来，朝廷对西部各族采取了一贯的远交近攻、离强合弱的战略原则，收到了安边拓地、打通丝路的效果，从而对保护中原先进的经济文化和人民生命安全、保护传统的中西经济和文化交流起到了积极的作用。隋唐历代统治者均十分看重河陇地区的战略地位，对甘肃地区进行全方位经营，在开元、天宝间有"天下称富庶者无如陇右"的称誉。唐代的砖雕发现于平凉的灵台以及河西地区的酒泉、敦煌等地。灵台发现的6块伎乐和佛像雕砖是陇东地区为数不多的唐代砖雕，尤其是表现了佛教的内容，弥足珍贵。模印砖自秦汉出现，魏晋一直在墓葬中使用，敦煌出土的模印砖说明其在唐代墓葬中仍延续沿用。

合水唐魏哲墓有明确纪年，且是陇东地区正式发掘的唐墓，较为重要，为甘肃唐墓研究提供了新资料。随葬品中出土了大量的玻璃器，虽然对其用途还不甚清楚，但大量玻璃器的出土应引起我们的重视。目前所知，此类遗物在固原南郊史诃耽夫妇墓、西安唐代总章元年（668年）李爽墓、西安东郊唐温绰夫妇合葬墓中也出土过。[①] 齐东方分析指出，出土玻璃的墓主人都是皇族，或出身官宦之家，说明玻璃的使用还主要在上层社会。同时入华的中亚粟特等族也是玻璃器的拥有者。[②] 魏哲相继拜为右监门左武卫将军、辽东道行军总管、安东都护等职，官高位重，玻璃器的出土与其身份相符。出土玻璃器晶莹润泽，色彩翠绿，器身镶鎏金铜条，显示出了较高的制作水平。

从墓室壁画的规模与题材可知，甘肃在隋唐五代时期仍保持着汉以来形成的经济与文化地位，如酒泉西沟唐墓的十二辰文化起源于远古氏族部落的图腾崇拜。由于中华民族是由各部落集团乃至后世的各民族不断融合而形成的，她的文化具有很强的兼收并蓄的能力，所以各氏族部落、各民族的图腾崇拜最终汇合形成了十二神兽文化，其影响十

---

① 甘肃省文物考古研究所：《甘肃合水唐魏哲墓发掘简报》，《考古与文物》2012年第4期。
② 齐东方：《唐代玻璃及其东来西传：西域文史（第一辑）》，科学出版社，2006年，第75页。

分深远，至今仍在我国汉族乃至许多少数民族的生活中被广泛运用，成为我国特有的一种民俗现象。① 十二神兽文化，就其内容而言，在历史上它有四个方面的作用：一是用于立法，作纪年、月、日、时之用；二是用于生肖或属相，认为人生在某年就肖某物；三是用于占卜、择吉、禁忌等迷信活动；四是用于地名或人名。有关十二神兽完整的文字记载最早见之于东汉王充著的《论衡》一书，其后直到清代，史学家赵翼在《陔馀丛考》中才有较详备的考述。西沟唐墓出土的模印砖则是迄今所知最早也最完整的十二神兽文物。从已清理出的这3座砖室墓四壁均镶嵌有十二神兽模印砖这一现象看，十二神兽文化在唐代已经非常发达完备，已被人们广泛运用于生活的各个领域了。②

　　墓室壁画艺术创作的高水平与艺术风格说明了其与中原地区的紧密关系。墓室壁画创作时，能够运用高度夸张的手法，用直线、棱角和方形构成的异常单纯、简洁的整体形象，是凌空腾跃的大动作。然而就在这种粗线条、粗轮廓的整体形象的飞扬流动中，表现出力量、运动、速度以及由之而形成的气势之美，这种气势美正是初唐那种奋发蹈厉、昂扬向上的时代精神的艺术再现。另外，1957年，西安郭家滩隋唐墓出土了一副石棺床，床上有木棺，床前有蹲狮，但无屏风，像天水市石马坪出土的屏风石棺床在目前的考古发掘中实属罕见。屏风画中的林苑建筑也具有浓厚的时代气息。如第三合屏风画中的楼阁和第六合屏风中的庭堂建筑，屋檐下饰一斗三升柱头铺作，补间铺作人字拱，这种典型的初唐营造特征与敦煌431窟初唐壁画中的楼阁建筑相同。第一合屏风画中的正方形单层古塔与河北房山县云居寺唐代小塔相似，这种方形单层古塔也是唐代最普遍的建塔形式之一。从隋唐到五代，席地而坐与使用床（榻）的习惯广泛并存，床（榻）下部有些还用壶门作装饰。另一方面，垂足而坐的习惯在隋唐时期从上层阶级逐步普及全国。第六合屏风画中夫妇坐在床（榻）上宴饮，像这样的同形连榻，在敦煌360窟唐代壁画中可见到，这幅宴饮图正是此一时期家具陈设与生活习俗的真实写照。

---

① 吴浩军、赵建平：《西沟唐墓十二神兽砖雕艺术欣赏》，《丝绸之路》1994年第4期。
② 吴浩军、赵建平：《西沟唐墓十二神兽砖雕艺术欣赏》，《丝绸之路》1994年第4期。

屏风画中的男女人物和乐伎俑的服装均为紧身圆领窄袖束腰左衽长袍，人物打扮充分反映了经过南北朝时期的民族大融合后，文化交流得到了发展，因此在盛唐前不仅受西域影响的胡服盛极一时，而且胡人胡乐也相当普遍，屏风画中的披发男子正如《太平御览》中所载的"（龟兹国）男女皆剪发，垂于项齐，唯王不剪发"，乐伎俑的服饰打扮也和《旧唐书·音乐志》中"《龟兹乐》，工人皂丝布头巾，绯丝布袍，锦袖，绯布绔"的记载相证相映。①

第二节　宋辽西夏金的墓室壁画

一、遗存梳理

甘肃地区宋辽西夏金时期共有壁画墓遗存34座，壁画墓分布有如下特点：其一，无辽代墓葬；其二，宋、金两代墓葬的地理分布集中于甘肃中、东部的天水、定西、兰州、庆阳等地；其三，夏代墓葬集中分布于河西的武威。宋金时期的墓葬砖雕题材丰富，多为二十四孝的内容，还有较多的表现墓主人生前生活的场景，以及大量的动物、装饰花纹图案。西夏的雕砖图案华美规整，雕刻技法娴熟，构图生动，线条流畅，布局紧密，层次分明，是一批难得的西夏时期砖雕艺术珍品。

二、形制类型

1. 墓室形制

这一时期的壁画墓均为单室墓，平面形状以六角形或八角形的最多，其次为方形、

---

① 张卉英：《天水市发现隋唐屏风石棺床墓》，《考古》1992年第1期。

长方形和圆形。这一地区原为北宋统治区，而多角形砖室墓正是北宋中原和北方地区十分流行的墓葬形制。与北宋中原和华北地区流行的仿木建筑结构砖室墓相比，这一时期本地区的墓室更趋繁复华丽，许多壁画都与砖雕相结合，组合成完整的画面。此外，它还打破了北宋墓室壁画人物平列呆板的布局，采用多种角度描绘家庭生活的各个方面，在仿木建筑构件、墓室四壁和顶部装饰各种纹样，表现出一种平凡而琐碎的意趣。如甘肃环县宋代彩绘砖雕墓，由墓室、门洞、墓道三部分组成；临夏市红园广场宋墓为仿木结构单室墓，为砖雕壁画；会宁宋墓为砖室墓，也为仿木建筑结构砖画；张家川南川宋墓为单室仿木结构砖砌墓，由墓道、甬道、墓室三部分组成（图3-8）。

图3-8　东壁仿木结结构中心龛　甘肃张家川南川宋墓　宋代
（采自《甘肃张家川南川宋墓发掘简报》，《考古与文物》2009年第6期）

2. 壁画形制

（1）画像砖。张家川南川宋墓壁画形制为模印画像砖。渭源县蒲川乡刘营村出土金代仕女图画像砖，砖面白垩打底，墨线勾勒二妇人，似为一主一婢。二人侧身站立，主人包红色头巾，身着交领长裙，裙带下垂，双手拢于胸前。婢女梳髻，身着交领长裙，双手拢于胸前。武山洛门镇西旱坪出土金代泰和六年仕女图画像砖，此画线条简洁，色彩淡雅，代表了金代绘画的风格。

(2)彩绘砖雕。甘肃环县宋代彩绘砖雕墓中的主仆图、舂米图、庖厨图、磨面图、牵驼图、牵马图,狂吠的狗、静立的牛、静卧的骆驼、奔跑的鹿等,雕刻真实、生动,使人感到一种浓厚的生活气息,从一个侧面形象反映出宋代西北农村的生活情景。画砖中人物所穿戴的各种服饰也为我们提供了宋代人物服饰的真实资料。画砖中的吉祥图案较多,如意头纹图案,草、牡丹等花卉,这也反映了当时的时尚。天水市王家新窑宋代雕砖墓有保存较好的彩绘雕砖,其雕砖题材主要有墓主人没有出场的开芳宴图、散乐图、妇人启门图等,这些都是宋代雕砖墓中常见的题材。但是在莲花须弥基座之上分为上、下两层的单体仿木结构楼阁式建筑的情况,在以往发现的宋墓中并不多见。清水县上邦乡苏岿墓,如图北壁砖雕及斗拱结构图为仿木结构砖雕与彩绘壁画并存(图3-9)。

这一时期出现最多的是墓葬中砖雕和彩绘壁画并存的现象。清水县白沙乡箭峡墓券顶下除南壁为甬道占据大部分外,东西北三壁垂直壁面皆以排列规整有序的纵四排高浮雕彩绘砖装饰至地坪。墓室拱券顶段垂直高1.2米,整面抹黄黏土泥层,上施以白粉底色,中顶部绘饰朱、墨、白相间的8条宽带状彩绘纹向四周环绕延伸,期间用朱、墨二色绘以祥云缭绕、丹凤飞翔、罗汉等图样。北壁上部半球面绘以神态各异、栩栩如生的宾客宴饮、仕女乐舞、神话故事图等。壁画因潮湿,大部分脱落,其构图辨识困难。南壁上部半球面及甬道顶部

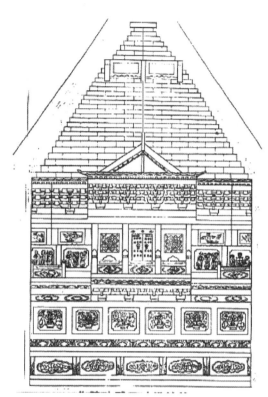

图 3-9 北壁砖雕及斗拱结构图
清水县上邦乡苏岿墓 宋
(采自南宝生《绚丽的地下艺术宝库:
清水宋(金)砖雕彩绘墓》,
甘肃人民出版社 2005 年)

无绘饰。墓室四壁及甬道皆以赭石色为主通体处理，人物、动物、花卉砖雕依据各自设色部位，以朱、黄、绿、墨、白、灰等色绘饰，或粗涂，或工笔勾勒，施染准确，和谐自然，女性人物的月匣饰绘饰尤显华丽，花卉、葡萄色泽鲜艳，生意盎然，见《北壁及东壁砖雕布局示意图》(图3-10)。①

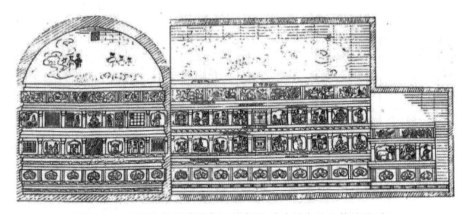

图3-10　北壁及东壁砖雕布局示意图　清水县白沙乡箭峡墓　宋
（采自南宝生《绚丽的地下艺术宝库：清水宋（金）砖雕彩绘墓》，甘肃人民出版社 2005年）

清水县贾川乡董湾墓为仿木结构，砖雕与彩绘壁画并存，见《砖雕与彩绘》(图3-11)。除甬室、主室歇山上部以条砖叠涩无雕饰外，主室歇山下部及甬道均有雕饰，绘画、画像砖各半穿插装饰。画像砖雕内容少，雕刻简练，构图完美，人物、动物造型生动、逼真，家禽、家畜勾绘尤为活泼可爱；彩绘采用大写意手法，以红、白、墨为主，按各处不同位置施染，使整个墓室色调和谐，尤显华丽，应属当时当地民间中上文化工匠之作。就其风格而言，是清水县继苏屲墓、白沙箭峡墓等砖雕彩绘墓葬之后的又一座保存完整、有一定考古研究价值的砖雕彩绘墓葬。

---

① 南宝生：《绚丽的地下艺术宝库：清水宋（金）砖雕彩绘墓》，甘肃人民出版社，2005年，第39页。

三、题材类型

甘肃地区宋辽西夏金时期的墓室壁画题材大致可以分为现实生活类、历史故事类、宗教思想类和装饰图案类等数种。其中现实生活类题材数量最多。

1. 现实生活类

主仆图

清水县白沙乡箭峡墓有《主仆图》砖雕8块，画面雕刻二人，一人居中端坐在椅子上，身穿广袖交领长袍，头戴冠，双手握在一起置于前，神态威严，应为主人。另一人站立一旁，头挽高发髻，身穿窄袖长袍，神态恭敬，显然是仆人，有拱手者和双手持物者两类。

仕女图

清水县白沙乡箭峡墓北壁第二层，绘饰对称。《仕女图》（图3-12）右边站立一仕女，面侧左，长发后披，头簪红色花罩，面丰圆，粉面朱唇，目前视。左边站立的仕女，内着红长衫白花团裙服至履，外披交领开襟绿色长纱至地，衣襟后拖，两臂曲肘至前胸，两手合持如意头形手杖，杖顶端系一束白色鬃毛。①

图3-11 砖雕与彩绘 清水县贾川乡董湾墓墓室左转角 宋
（采自南宝生《绚丽的地下艺术宝库：清水宋（金）砖雕彩绘墓》，甘肃人民出版社2005年）

图3-12 仕女图 清水县白沙乡箭峡墓 宋
（采自南宝生《绚丽的地下艺术宝库：清水宋（金）砖雕彩绘墓》，甘肃人民出版社2005年）

---

① 南宝生：《绚丽的地下艺术宝库：清水宋（金）砖雕彩绘墓》，甘肃人民出版社，2005年，第49页。

图 3-13　守门武士　清水县白沙乡箭峡墓　宋
（采自南宝生《绚丽的地下艺术宝库：清水宋（金）砖雕彩绘墓》，甘肃人民出版社 2005 年）

武士图

清水县白沙乡箭峡墓甬道内西壁第二层，由前至后三块雕饰。画面中有一《守门武士》（图 3-13），武士躯体魁伟，头戴胄，顶束红缨，身着灰色镶红缘盔甲至履，足着靴，左臂向左曲肘，手扶剑刃端，右臂右后直伸，手握剑柄，剑横胸前，分腿直立，丰面怒目，侧左向右注视，雄伟庄严。

牵驼图

甘肃环县宋代彩绘砖雕墓《牵驼图》砖雕 2 块，一块雕刻一男人头戴毡帽，身穿短袍，腰扎带，一手拿桩，一手握疆绳牵引骆驼；另一块雕刻一男人着上袄下袴，腰扎带，头上挽发髻，一手牵疆绳，一手拿桩，歪头看骆驼。这两幅图均抓住牵驼这一瞬间的举动进行了形象地刻画，非常生动。还有《牵马图》砖雕 2 块，一块雕刻一男人头戴帽，着上衣下袴，左手下垂，右手握马缰绳，回头看马，马头下弯，四蹄蹬地，挣扎不前。另一块雕刻一男人身穿窄袖短袍，腰扎带，两手拉马疆绳，马曲颈回头，张嘴嘶鸣，作挣扎状。①

推磨图

清水县上邦乡苏屲墓有《双人推磨图》（图 3-14）一块。画面中下方有一四腿支架支撑磨盘，上置一合磨，磨上两端各有一带状环，一根长杠横穿两端，磨两侧两妇人各手持推磨杠于腹部，弯腰跨步，左者背向回首视，右者前视。两妇皆粉面朱唇，头梳双髻。上着短服，下着褶裙，腰束带，软

图 3-14　双人推磨图　清水县上邦乡苏屲墓　宋
（采自南宝生《绚丽的地下艺术宝库：清水宋（金）砖雕彩绘墓》，甘肃人民出版社 2005 年）

---

① 张亚萍：《甘肃环县宋代彩绘砖雕墓》，《文博》2003 年第 3 期。

锦鞋外露。左上方为一敛口箩筐，右上方一敞口簸箕，下放一把小帚。①

舂米图

清水县上邦乡苏屲墓有《双人舂米图》（图3-15）一块。中下方有一左低右高的杠板，被柱状支架撑起，杠板右端安装一锥形吊杵，杵下一盛谷臼。右方一妇女，单膝跪地，头梳高髻，单簪，粉面，朱唇，圆脸，浓眉大眼，前视，上着高领窄袖短服，下着褶裙包股裹膝，左手持小帚欲作扫状，右手反撑于膝盖与下颌间。左边一妇站立杠板左端，头梳高髻，单簪，粉面，朱唇，目前视。上着短服，下着褶裙，腰系带。双手握扶杆，脚踏碓舂米。上置箩筐、簸箕各一。②

出猎图

清水县白沙乡箭峡墓东壁第三层《出猎图》（图3-16）画面为一骑马男子。黄鬃白马向右前行，右回首前视，珠目溜圆，鞍辔齐备，尾翘垂。马背男子面右视，头戴兜鍪，身着圆领窄袖白长衫，右足着鞋，外露衣襟，右臂曲肘上举，手臂站立一鹰，与肩同高，双翅微翘欲飞。另有《出猎图》（图3-17）一男子面侧右，欲走姿态，头戴黑兜鍪，上着交领窄袖灰白色短服，下着长裤，外衫前后长襟垂下，左臂曲肘，手握前衣片至腹间，内裹红色物品，右臂曲肘向右后上

---

① 南宝生：《绚丽的地下艺术宝库：清水宋（金）砖雕彩绘墓》，甘肃人民出版社，2005年，第28页。

② 南宝生：《绚丽的地下艺术宝库：清水宋（金）砖雕彩绘墓》，甘肃人民出版社，2005年，第30页。

图3-15 双人舂米图 清水县上邦乡苏屲墓 宋
（采自南宝生《绚丽的地下艺术宝库：清水宋（金）砖雕彩绘墓》，甘肃人民出版社2005年）

图3-16 出猎图 清水县白沙乡箭峡墓 宋
（采自南宝生《绚丽的地下艺术宝库：清水宋（金）砖雕彩绘墓》，甘肃人民出版社2005年）

举一鹰。鹰与主人同视右方。又有一男子牵一猎犬大步向右前行,男子头戴幞帽,身着圆领窄袖,束腰,粉红色短服,颈裹白色围巾,下着灰长袴及软锦鞋,左臂曲肘,手系犬绳至左肩前,右臂自然微曲,手持短杖,左腿呈前弓步,右腿后挺直,与短杖斜平行。身左侧一条猎犬,昂首挺颈,随主人追捕猎物。另一图猎人戴兜鍪,面方圆红润,目右视,通体灰服,左臂曲肘,手系犬绳,右臂曲肘手握短杖扛右肩。猎犬躯被掩挡,长尾后伸上卷,与主人同视,呈追捕猎物神态。[①]

散乐图

天水市王家新窑宋代雕砖墓,北壁上层主体建筑是由中间明堂和东、西次间组成,是北壁雕砖的重点。中间明堂面阔两间,雕有一幅由四人组成的《散乐图》,与南壁的墓主人《开芳宴图》遥遥相对,自西向东依次为击鼓俑、击磬俑、吹笙俑和击拍板俑,均为女性。击鼓俑右手持一个小槌作击鼓状,鼓架在桌面上,身高 27 厘米。击磬俑施粉红妆,身高 28 厘米。吹笙俑双手捧笙,作吹奏状,身高 27 厘米。击拍板俑施粉红妆,双手持拍板,作击乐状,身高 22.5 厘米。[②]

图 3-17 出猎图 清水县白沙乡箭峡墓 宋
(采自南宝生《绚丽的地下艺术宝库:清水宋(金)砖雕彩绘墓》,甘肃人民出版社 2005 年)

清水县红堡乡贾湾墓《单人击鼓图》,画面左侧大鼓置于圆形框架上,右侧一中年男子体矮胖,面丰圆,戴翘脚幞头,身着圆领袍服,袍襟缠裹腰际,双手各持鼓槌、上下呈敲击状,高举的鼓槌、专注投入的神情,似乎使人听到了震耳欲聋的鼓乐声。《双人腰鼓舞图》中两个男子身高体壮,戴展脚幞头,身着圆领袍服,双臂长袖卷于肘部,腰间横系腰鼓,右手各持鼓槌与左手背配合呈敲击状,扭胯曲膝呈手舞足蹈姿。《抚琴

---

① 南宝生:《绚丽的地下艺术宝库:清水宋(金)砖雕彩绘墓》,甘肃人民出版社,2005 年,第 56 页。
② 庞耀先:《甘肃天水市王家新窑宋代雕砖墓》,《考古》2002 年第 11 期。

吹笙图》（图3-18）画面中两男子皆着翘脚幞头，身着圆领窄袖长袍服，腰系带。左侧男子坐于椅上，面向左侧视琴，双手扶于琴上，作弹奏姿。右侧男子站立，双手持排笙，嘴街笙管呈吹奏姿。《单人吹笛图》（图3-19）中左侧一方形桌上置放壶形器，右侧一男子站立，戴展脚幞头，身着圆领广袖长袍服至履，腰系带结于右侧，双手持笛呈欲吹姿。《双人吹竽图》中两男子呈左前行姿。戴展脚幞头，身着圆领广袖袍服至履，腰系带结于右侧，前者年长，有胡须，两人各双手曲肘持竽至下领处呈欲吹姿。《伴舞图》中一男一女，左侧男子年长，丰面，浓眉大眼，戴展脚幞头，身着圆领广袖长袍服至履，双手持拍板作拍击状，右跨腿呈走动姿。右侧一女童头结髻，身着交领长袖短衫，下着步裙，双臂左右平伸，手藏袖内，跨步提足呈舞蹈表演状。[①]

图3-18 抚琴吹笙图 清水县红堡乡贾湾墓 宋
（采自南宝生《绚丽的地下艺术宝库：清水宋（金）砖雕彩绘墓》，甘肃人民出版社2005年）

图3-19 单人吹笛图 清水县红堡乡贾湾墓 宋
（采自南宝生《绚丽的地下艺术宝库：清水宋（金）砖雕彩绘墓》，甘肃人民出版社2005年）

---

① 南宝生：《绚丽的地下艺术宝库：清水宋（金）砖雕彩绘墓》，甘肃人民出版社，2005年，第26页。

图 3-20　训读图 清水县上邦乡苏屲墓 宋
（采自南宝生《绚丽的地下艺术宝库：清水宋（金）砖雕彩绘墓》，甘肃人民出版社 2005 年）

图 3-21　训读图 清水县上邦乡苏屲墓 宋
（采自南宝生《绚丽的地下艺术宝库：清水宋（金）砖雕彩绘墓》，甘肃人民出版社 2005 年）

训读图

清水县上邦乡苏屲墓有《训读图》5 块，其形制、构图相同，按性别、服饰可分为两种：男者 4 块，女者 1 块。其一为男性，图正中有一靠背椅，上坐一长者，头戴冠，身着方领长袍，浓眉圆眼，八字须。老者前置一方形桌，桌面上有一册平开书卷，前方置高足盖碗两个。右侧同样的靠背榻上坐一学者，头戴幞头，容貌丰满，目前视，身着至履长袍，腰系带，双手合十至胸，似恭敬倾听或背诵。左侧恭身站一侍者，头戴幞头，浓眉大眼，身着高领紧袖齐履长袍，腰系带，双手持壶至胸，欲作供水状（图 3-20）。其二为女性，三妇人皆梳高髻，根据三者所处位置、动态和桌面摆设推断，正中者为主人，右侧为客人，左侧为一侍者（图 3-21）。①

2. 历史故事类

二十四孝图

会宁宋墓东壁左有"王祥卧冰"和"孝孙原谷"合为一幅。东壁右有"紫荆复萌"一幅，画面中部两人扶着树，左右为山石。北壁右有"伯瑜泣仗"和"丁兰刻木"合为一幅。该画面以树作为两个故事的分隔，左为"伯瑜泣仗"，一老妇左手持杖，右边一男子双手合握，跪在老妇面前；中为"丁兰刻木"，一男子恭敬地跪在地下，左

---

① 南宝生：《绚丽的地下艺术宝库：清水宋（金）砖雕彩绘墓》，甘肃人民出版社，2005 年，第 26 页。

一老妇坐于桌上。北壁左有"闻雷泣墓"和"董永卖身"合为一幅。该画面以树、山石作为两个故事的分隔，左为"闻雷泣墓"，一男子扶于墓碑前哭泣，一雷神驾云持镜作打雷状；右为"董永卖身"，也是最为常见的孝道题材，男子曲身拱手作礼，身边一车状物，前方一仙女驾云而来。①

张家川南川宋墓，在拆该墓顶砖时，发现有条形"二十四孝"模印画砖十余块，为一次模压成形，平砌在墓室顶部平砖内，被当作普通条砖使用，内容有"王祥卧冰""孟宗哭竹""啮指痛心""怀橘遗亲"。②

清水县上邦乡苏凵墓有《郭巨埋儿》（图3-22）一块。右边为郭巨，头戴幞头，上体裸露，下着齐膝短裤，小腿缠裹，腰系带，足穿草鞋，左手持锹至地，右手握拳举至右额，低头弯腰，双目腑视，似沉思。左边站一妇人，头梳高髻，单簪，圆脸，粉面，朱唇，前视，身着交领长袍，下着褶裙，软锦鞋外露，双臂怀抱一孩。两人间地上有元宝和宝珠。

图3-22 郭巨埋儿 清水县上邦乡苏冚墓 宋（采自南宝生《绚丽的地下艺术宝库：清水宋（金）砖雕彩绘墓》，甘肃人民出版社2005年）

清水县白沙乡箭峡墓西壁第二层有《杨香打虎救父图》，画中一年轻少女俯骑于虎背。少女头结双髻，面方圆，浓眉如剑，双目怒视，小嘴紧闭，身着交领窄袖红色黄花团中长衫，下着灰长裤。上衣襟披开，一条长带绕颈过双臂下后飘，双手狠抓虎首双耳，左腿脚置于虎腹处。一只膘肥体壮的红黑花斑猛虎四腿分开立于地上，前低伏，后鼓起，呈挣扎走动直立状，尾巴甩起呈倒S形。虎目怒睁，红嘴微张。人虎形成拼搏状态。右上角铭"扼虎救父"墨迹。第二层还有《舜帝孝感动天图》，画面一农夫赶着一对大象耕地。左侧两象并驾齐躯，附首左行，竖目圆睁，长鼻后弯，股脊凸圆，尾隐垂，肩颈部M字形木耕头套架，连接后一付木犁，犁头插入地中，犁过的地土浪层层。右侧男农夫

---

① 赵吴成、王辉：《甘肃会宁宋墓发掘简报》，《考古与文物》2004年第5期。
② 甘肃省文物考古研究所：《甘肃张家川南川宋墓发掘简报》，《考古与文物》2009年第6期。

头梳髻,长圆脸,目前视。左半体着灰色短衫,左手握犁把,右半体裸露,右手持木棍上举,作欲打状,下着灰长袴至履,旁边有榜题"舜帝行孝"。图中两中年男女站立。右侧妇人结发髻,圆脸,粉面,朱唇,双目怒视左方男子,身着中长圆领窄袖红衫,开襟,下着齐履灰长裙。双手持杖于右侧作欲打状。左侧男子侧右俯首,头戴幞帽,身着圆领齐膝红袍服,下着袴,腰束黄带,结于腹间,右手臂自然下垂,左臂曲肘,手藏袖内上抬至面部呈拭泪状。

此墓东壁第二层《老莱子戏彩娱亲图》,画面左侧一男子坐地耍杂技,右腿平曲膝于地面,左腿侧曲膝于左侧,躯体后仰,头戴红色斗笠帽,衣领有黑色花饰,身着灰色衣袴,腰系带,两臂曲肘,双手各托圆物于左右,嘴衔一直角管状,一端向上,顶有一只碗,碗内有物。右边女童分腿直立,面前摆置一三角鼓架,上有一圆形红色鼓。女童头梳双髻,身着圆领窄袖红色黄梅花团长衫至膝,下着长灰袴,足着粉红软锦鞋,两臂微抬前伸举,双

图 3-23 董永卖身葬父 清水县贾川乡董湾墓 宋
(采自南宝生《绚丽的地下艺术宝库:清水宋(金)砖雕彩绘墓》,甘肃人民出版社 2005 年)

手持槌作敲击姿,面目清秀,朱唇微张,作喝彩神态。①

清水县贾川乡董湾墓有《董永卖身葬父》(图 3-23)砖雕彩绘。画面左上角一妇人立于一朵祥云间,向下俯视,身着裙服,腰系带,双手合拢于腹间,服饰飘带至云层。右下角董永立于地面,头戴幞帽,身着圆领窄袖袍服至履,腰系带结于前,双手藏袖筒内,神情沉重。

《子路为亲负米图》中蹲着一青年男子,戴幞帽,身着圆领短衫,长袴,软锦鞋,

---

① 南宝生:《绚丽的地下艺术宝库:清水宋(金)砖雕彩绘墓》,甘肃人民出版社,2005 年,第 40 页。

左手怀抱，右手前伸抓着地上的米袋，像是思考着什么。《王祥卧冰求鲤》，画面上部绘一枝开放的牡丹，花丰叶茂。左下角一株枯树，树杈间披挂着王祥的衣服。树下王祥裸体右向，左臂曲肘承托头部，呈侧横卧姿。王祥身前有一提篮，身后有两条鲤鱼。①

3. 宗教思想类

飞天图

清水县上邽乡苏屲墓有《飞天图》3块，其中一幅（图3-24）画面中的人物上体挺直，高发髻，面容丰满圆润，浓眉大眼，昂首，目视前方，粉面，朱唇，上体裸露，双手合十于胸前。肩部双翼舒展，翼羽三叠。下肢为鱼鳞甲凤腿，相并后甩，爪弯曲。一缕花纹宽带向后飘起，似仙女翩翩起舞。②

4. 装饰纹样类

花卉图案

张家川南川宋墓模印画砖内容分图案、人物和动物三类。图案以花卉为主，有壸门花卉、交枝牡丹、莲花、卷草纹、神鹿衔草。制作方法有两种：其一为一次模压成形；其二是人物和动物类，预先模压出人及动物的成形浮雕，然后粘贴在砖坯上一起烧制而成。

图 3-24　飞天图　清水县上邽乡苏屲墓　宋（采自南宝生《绚丽的地下艺术宝库：清水宋（金）砖雕彩绘墓》，甘肃人民出版社 2005 年）

图 3-25　方形盆栽花卉砖雕　清水县上邽乡苏屲墓　宋（采自南宝生《绚丽的地下艺术宝库：清水宋（金）砖雕彩绘墓》，甘肃人民出版社 2005 年）

---

① 南宝生：《绚丽的地下艺术宝库：清水宋（金）砖雕彩绘墓》，甘肃人民出版社，2005 年，第 43 页。
② 南宝生：《绚丽的地下艺术宝库：清水宋（金）砖雕彩绘墓》，甘肃人民出版社，2005 年，第 30 页。

图 3-26　方形盆栽花卉砖雕 清水县上邦乡苏山墓 宋
（采自南宝生《绚丽的地下艺术宝库：清水宋（金）砖雕彩绘墓》，甘肃人民出版社 2005 年）

清水县上邦乡苏山墓《方形盆栽花卉砖雕》（图 3-25、图 3-26）有 24 块。花卉图案有三种，分别为荷花、牡丹、石榴盆栽花卉。其盆为六角浅腹、矮足、平底，施橙色。盆中一株鲜花，红花置中，绿叶繁茂，石榴硕果粒粒饱满；牡丹欲放；荷花盛开，花蕊外露。红花、绿叶、橙盆三色相映，色泽鲜艳，生意盎然。①

清水县红堡乡贾湾墓绘有缠枝花卉 6 种，分别为莲、荷、牡丹、菊花等，均刻饰长方形条砖面，每砖一缠枝两花朵，枝叶、花蕊雕刻精细，构图、比例俱佳。

动物图案

临夏市红园广场宋墓北壁以盝顶壁龛为中心，两侧上部各嵌有一幅同向"鹿衔灵芝"模印方形砖雕，下部为《奔马图》。壁龛下部嵌有横向的四幅长方形《牡丹图》模印砖雕。② 清水县上邦乡苏山墓《衔枝鹿》三块。图雕一立鹿，黄色身躯，黑眼，昂首，两角枝叉，口衔花枝，四蹄置于六角须弥座台上，左前蹄跨起，尾翘，前视。《丹凤》三块，一只丹凤挺颈、回首、展视，展翅飞翔在祥云间。《天马图》（图 3-27）三块，天马挺颈竖耳，回首展望，四蹄腾空，尾飘祥云环绕。《羊图》（图 3-28）三块，羊昂首

图 3-27　天马图 清水县上邦乡苏山墓 宋
（采自南宝生《绚丽的地下艺术宝库：清水宋（金）砖雕彩绘墓》，甘肃人民出版社 2005 年）

---

① 南宝生：《绚丽的地下艺术宝库：清水宋（金）砖雕彩绘墓》，甘肃人民出版社，2005 年，第 30 页。
② 临夏回族自治州博物馆：《临夏市红园广场宋墓清理简报》，《陇右文博》2009 年第 1 期。

挺颈，张口，双角后弯至颈，前腿着地，后腿奋起，尾上翘，奔驰在花草间。《狮》三块，雄狮双目圆睁，张口露齿，前腿奔跨，后腿直蹬，通体肌块突起，颈部鬃毛后飘，尾甩起，奔驰在花草中，其状雄猛。① 清水县白沙乡箭峡墓南壁第二层有《鹿衔荷花图》。画面一只鹿向右站立，昂首挺颈，口衔花枝荷蕾，站在怒放的仰荷上。

清水县白沙乡箭峡墓，西壁第一层《双鹿图》（图3-29），画面主题雕饰两只梅花鹿前后追逐在缠枝花草中，绿叶黄枝谐调自然。左侧第一块雕一只梅花鹿在花草中向左奔驰，四蹄腾空，前胸下倾，股部上翘，首向左后视，两叉角及耳左甩，嘴衔花枝，赭石红背上点饰粉白。右侧一只同样的鹿昂首挺颈，双叉角后甩，口衔花枝前视，和左侧鹿前后呼应，呈相互追逐状态。东壁第一层《双羊图》，画面主题雕饰一只灰白色绵羊从右向左奔驰在荷丛中，右回首后视，双角卷成环形，两耳穿环角侧竖，嘴衔一枝荷蕾。右砖雕饰另一只灰白色羊向左，四蹄前奔后蹬，悬空奔跑，挺颈垂胸，昂首前视，环角、竖耳，嘴衔荷苞，细枝后伸，呈追逐姿态。②

图3-28　羊图　清水县上邦乡苏屲墓　宋（采自南宝生《绚丽的地下艺术宝库：清水宋（金）砖雕彩绘墓》，甘肃人民出版社2005年）

图3-29　双鹿图　清水县白沙乡箭峡墓　宋
（采自南宝生《绚丽的地下艺术宝库：清水宋（金）砖雕彩绘墓》，甘肃人民出版社2005年）

---

① 南宝生：《绚丽的地下艺术宝库：清水宋（金）砖雕彩绘墓》，甘肃人民出版社，2005年，第30页。
② 南宝生：《绚丽的地下艺术宝库：清水宋（金）砖雕彩绘墓》，甘肃人民出版社，2005年，第61页。

清水县白沙乡箭峡墓，甬道内两壁第一层镶嵌砖雕各3块。由前至后，东壁第1砖缠枝菊花两朵，雕饰两砖，皆乳白色，无界饰，细枝过界。第一朵花瓣呈细环状，花蕾欲绽；第二朵边缘初绽红色花瓣，枝叶乳白，色调和谐。第3砖雕饰一飞天，仙女面丰润，粉面朱唇，目俯视，头梳双环髻左偏，飘浮在祥云间，躯体略呈V形，胸肩裸露，腹肌灰衫缠裹，下着红色长裙袴，双足藏于袴内。左臂曲肘怀抱，左手持一枝荷蕾上举过左肩与首同高，右臂下垂反曲，手握飘带。一条白色长带绕首过双肩至胸下，于腹间呈双环结，宽带两端随体自然后飘。

四、丝绸之路对宋辽西夏金墓室壁画的影响

甘肃中部及陇东南地区天水、平凉、庆阳等地发现了较多的宋代墓葬，这些墓葬中很多都是仿木构建筑形式的墓室，非常华丽。天水发现的表现宋代乐舞的彩绘砖雕尤为珍贵，清水宋墓中的佛道音乐砖雕也是不可多得的表现佛道音乐的重要实物。它们极具生活气息，与宋代文化整体特性相一致。天水市南集村宋墓出土的音乐图案砖有吹奏笛箫、击磬、吹笙、拍板等，均加彩绘，砖正方形。《宫伎拍板图》雕砖中，人物的冠应为局脚幞头，局脚即是两脚弯曲。

孝行图是丝绸之路陕西、甘肃地区墓室壁画的重要题材，它除受当时理学"三纲五常"思想的影响外，还受到新兴起来的全真道教的影响。金代统治者对道教一直采取争取、利用、扶植、管理的政策，使道教盛行一时，据《大金国志》记载："金国崇重道教，与释教同。自奄有中州之后，燕南、燕北皆有之""诸大贵人奉一斋施，动获千缗"。在道教各派中，以全真教最为兴盛，金统治者曾几次召见全真教的王处一、丘处机等人。① 全真教对封建伦理的宣传不遗余力，创始人王重阳提倡读《孝经》，大力宣传节孝，他的弟子谭处端在《水云集》中甚至有"忠孝仁慈胜出家"之语，这十分符合

---

① 申云艳、齐瑜：《金代墓室壁画分区与内容分类试探》，《山东大学学报（哲学社会科学版）》1998年第2期。

统治者的需要。天德三年（1151）海陵将《孝经》发放学校学习，大定年间金世宗也以女真字《孝经》赐护卫亲军。全真教主要在山西、河南、山东等地区弘法传教，这样金代南部地区在全真道教、理学的影响下，再加上北宋时把先秦到宋的二十四个孝子孝女的故事辑成专著《二十四孝》，并广泛绘于墓室四壁的习惯，孝行图自然而然成为这一地区十分流行的墓室壁画内容之一。与我国其他地区同时代、同类型的墓葬相比，张家川南川宋墓砖墓继承了甘肃河西地区魏晋墓画像砖的一砖一画模式，这种模式，无论是彩绘砖还是模印砖都采用较多，这是甘肃与其他省份的不同之处，① 对于认识北宋时期墓葬习俗、探讨甘肃地区当时的社会生活和经济状况，以及研究中国美术史等都具有着重要的学术意义。

西夏占领河西地区达一个多世纪，充分吸收汉族文化，对于佛教的传播和推广尤为着力。现宁夏、甘肃等河西地区保存有不少西夏时期的石窟、佛寺、塔等建筑，是研究西夏佛教艺术的珍贵材料。西夏的陵墓除了宁夏的西夏陵外，武威曾发现过一批西夏墓葬，墓室里出土了一些木版画，对于研究西夏的墓室绘画艺术具有很高的价值。西夏的雕砖在甘肃出土尚不多，庆阳市西峰彭原乡出土了一批西夏的方形砖雕，题材有象征吉祥的凤鸟、莲生贵子以及佛教的飞天、荷花等。

第三节　元代的墓室壁画

一、遗存梳理

甘肃元代壁画墓遗存有漳县徐家坪汪世显家族 M1、M11、M3、M4 号墓，甘肃陇西西河滩遗址元墓，渭源县新寨镇柳林村元代墓，静宁县威戎镇新华村元代墓共 7 座。

---

① 申云艳、齐瑜：《金代墓室壁画分区与内容分类试探》，《山东大学学报（哲学社会科学版）》1998 年第 2 期。

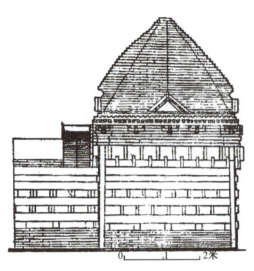

图 3-30 墓室剖面图 漳县汪世显家族墓 M11 元代
（采自《甘肃漳县元代汪世显家族墓葬：简报之一》，1982 年第 2 期）

甘肃元代墓壁画反映了元代甘肃中东部地区中层家庭的生活、汉蒙联姻状况，较为真实地再现了当时人们的社会生活场景，艺术表现手法比较独特。

二、形制类型

单室砖雕墓，有竖穴土坑式、斜坡式及台阶式墓道，券拱墓门，墓室平面为八边形，叠涩穹窿顶或者四角攒尖顶。总体上来说，这类墓葬是宋金时期仿木结构砖室墓的简化，仿木斗拱已经大大简化，甚至不用。漳县徐家坪汪世显家族 M1、M11、M3、M4 号墓都是仿木结构砖雕墓，呈"L"形分布，均为东西向，除 M1 无墓道外，均由墓道、墓门、甬道、墓室四部分组成。M11 的建筑比较高大，墓门正东，为一砖构单室墓，平面呈方形，东西长 3.1 米，南北宽 3.1 米，高 5 米。墓室东壁连接甬道，甬道长约 1.9 米，宽 1.3 米。其外口仍为平顶的上洞，高 1.4 米，其外口仍为平顶的上洞，高 1.4 米，其内口为双面立砖券拱，高 1.6 米。两壁下部用砖平立叠砌，立砖凹入，均为模制花草纹砖，上部施白灰，两侧各绘丹顶鹤一只。用方砖封门，室内铺方砖，四壁垂直，下部砌平砖七、八层，再上即为立一平三的砌法（图 3-30）。①

三、题材类型

1. 现实生活

人物图

漳县汪世显家族 M11 墓室四角各有一四砖立柱。在斗拱的下面，西、南、北三壁

---

① 甘肃省博物馆、漳县文化馆：《甘肃漳县元代汪世显家族墓葬：简报之一》，《文物》1982 年第 2 期。

各镶嵌方形的减地浅浮雕人物等花砖七块，如《砖雕武士图》(3-31)。①

2. 历史故事类

孝子故事图

甘肃定西元墓，M2和M4壁面有孝子故事。M4：孝子故事图砖直接表在土壁上，两边用花柱拼砌成"龛"。孝子故事共出土53块，用0.3米×0.2米规格砖模制而成，共计12个内容：舜子耕田5块，画面相同，前面一对大象，其后一人站立，似作牵引状。孟宗哭笋8块，画面相同，孟宗跪地哭状，画面中干枯的竹旁长出新笋。梁公望云4块，画面相同，两人跪地作揖状，上方似有一朵白云。田祯哭树7块，画面相同，两人面对枯树重新生发嫩叶的情景。另有郭巨埋子2块，曹娥哭江2块，成子留母3块，蔡顺分椹5块，元觉还爸8块，六（陆）绩怀桔5块，丁南（兰）刻木4块。② 甘肃陇西西河滩遗址清理元墓，四壁仿木构件的斗拱、屋檐、门窗、角柱，镶嵌于壁的孝子故事，童子闹莲，花卉，纹饰等均为模制雕刻。③

图3-31　砖雕武士图 漳县汪世显家族墓M11元代
（采自《甘肃漳县元代汪世显家族墓葬：简报之一》，1982年第2期）

3. 装饰纹样类

甘肃定西元墓有花卉砖310块，模制，种类有牡丹、葵花、石榴、葡萄、荷花等。

---

① 甘肃省博物馆、漳县文化馆：《甘肃漳县元代汪世显家族墓葬：简报之一》，《文物》1982年第2期。
② 张克仁：《定西元墓清理简报》，《陇右文博》2002年第2期。
③ 李怀顺：《西北边疆考古教程》，甘肃人民出版社，2011年，第254页。

汪世显家族M11，立砖有模制的"童子闹莲"、荷花、狮子、虎等纹饰的花砖。平砖上涂一层白灰，彩绘带状忍冬、牡丹等。四壁的上部用砖砌出歇山式建筑山面各一。屋檐部分的瓦、椽等细部，涂褚红、砖灰、白等色。

甘肃定西元墓，由于没有发现墓志，目前尚无法确定墓主人身份，但从墓葬营建的规模看，是当时较为富裕的家族，墓主人身份需进一步考证。这批墓葬共出土孝子故事人物砖57块。其中"二十四孝"就有11种，从已经公布的资料看，"梁公望云""成子留母"在甘肃尚属首次发现。这批砖雕墓葬反映的是墓主人生前或想象中的庭院生活情景，其建筑风格有简有繁，式样较多，植物花卉种类繁多，为研究这一时期定西地区的传统建筑和农业生产、林草花卉等提供了珍贵资料。